大阪大学新世紀セミナー

変貌する現代の家族と法

松川正毅

大阪大学出版会

はじめに

「あなたにとって、もっとも大切なものは何か?」という問いに対する答えとして、「家族」であると答える人が多い。

ところが、家族を取り巻く環境の変化により、その家族自体があたかも生き物のごとく、変化してきている。往々にして私たちはこの変化を感知することなく、無意識のもとに家族の変貌が進んでいく。そして、かつての家族の像や価値観では、理解しえない状況が現れ、人々を悩ませ、争いを生じさせることがある。人々が本能的に愛し、大切なものとする家族が、時には、家族構成員を傷つけ、悩ませることがある。

人が生まれ、成長し、愛する人と出会い、家庭を築き、子が生まれ、その子が成長し、親は先立つ。このような人生のもっともありふれたことを、祖父母のように、父母のように、人が繰り返していく中で、変化が生じてくるのである。培われてきた価値観が変化するよりも、家族を取り巻く社会などの状況の変化は早く、変貌しつつある家族に、私たちはすばやく柔軟に対応できないのが普通である。

では、家族を取り巻く何がどのように変わり、家族と法にどのような影響を与えているのだろうか? まず人の誕生に目をやり、その影響を考察する。科学技術の発展、生殖医療技術の発展の影響を題材に、家族に関する法を分析することから始めよう。

続いて、男女関係の多様性に関する考え方の影響を検討する。世界の流れの中で、若者たちの男女に関する意識は互いに影響を受け合い、その影響力のスピードも速くなってきている。家族とくに男女をめぐる意識のグローバル化の傾向がここにも見られる。男女関係（もしくは同性の関係も含めて）の多様性が、法律の規定する伝統的な婚姻、さらに家族にどのような影響を及ぼしているのだろうか。

そして最後に、医療技術の発展のおかげで伸びた寿命が、永い老齢期の問題をひき起こしている。老後の生き方の問題、扶養や介護の問題、相続財産の扱いなどにも影響は波及する。

本書では、これらの外的な状況の変化が、家族の法にどのような影響を与えつつあるのか、また与えたのか、さらに法はそれらにどのように対処すべきかについて、人の一生を通じて、概観することにする。

二〇〇一年八月

松川　正毅

目次

第一部　生まれるとき
——科学技術の発展と家族の法——

第一章　人工生殖

十八世紀末に世界で初めて人に人工授精が行われて以来、つい最近に至るまで、人工的な生殖を行うことについて、人々の意識には抵抗感があった。忌み嫌われるべき行為であるという意識が存在していたのは事実である。

ところが、子を欲するという男女の欲求は強く、それに押されるように、医療の現場では、ここ数年の間に人工生殖の事実が積み重なっていった。現在では、人工生殖それ自体はめずらしいことではなくなった。医療技術の発展がもたらした人工生殖のいったい何が問題なのか、またそれが家族や法にどのような影響を与えるのかについて、一九九四年に立法を行ったフランス法の経験をもとに、わが国の状況を考えてみよう。このような検討によって、日本法のおかれている現状が浮かび上がってくる。

人工生殖にはいろいろな施術がある。

まず第一に、夫の精子を妻の体内に授精させる、配偶者間人工授精（ＡＩＨ）[1]がある。主として妻側に何らかの問題がある場合になされる施術である。

また、夫の精子ではなくて、第三者の精子を用いて、妻の体内に授精する施

（1）Artificial insemination by husband

術がある。これは、夫の精子に問題があり、精子の提供を受けて施術を行う方法である。これを非配偶者間人工授精（ＡＩＤ）[2]という。これら二つの施術は、精子を妻の体内に授精させるものであり、人工授精と呼ばれている。[3]

　これに対して、卵子を体外に取り出して、受精させる施術がある。これを体外受精という。試験管ベビーとして話題になったことがある。[4]

　体外受精は、卵子を取り出して施術を行う点に特徴があり、可能性として、夫の精子と受精させることも、夫以外の提供精子で受精させることもありうる。また、卵子と精子の受精卵を、第三の女性に移植することも可能性としてある。妻の卵子になんらかの問題がある場合に、妻の母親の卵子を採取し、妻の配偶者の精子で受精させ、妻の体内に移植することも考えられる。

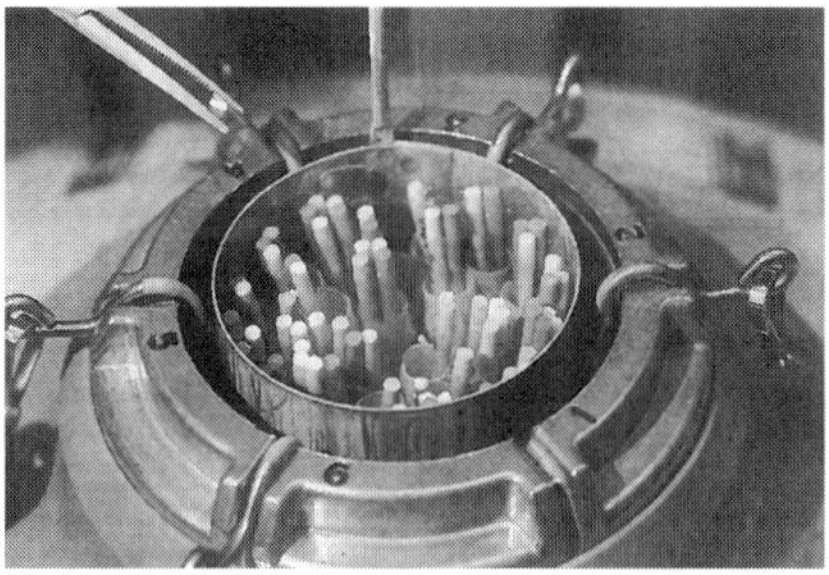
凍結精子（出典：LE FIGARO）

　さらに、夫婦の受精卵を第三の女性に移植し、産んでもらうこともありうる。妻の卵子になんら問題はないが、受精卵を着床させて育てることのできない体質の場合に考えうる施術である。また、夫の精子を第三の女性に人工授精し、子を産んでもらう方法も考えられる。これらは、代理母と呼ばれている。

（2）Artificial insemination by donor

（3）わが国では一九四九年に慶應義塾大学病院で初めての出産がある。現在、非配偶者間人工授精（ＡＩＤ）によって生まれた子は約一万人に及ぶといわれている。厚生科学審議会先端医療技術評価部会・生殖補助医療技術に関する専門委員会「精子・卵子・胚の提供等による生殖補助医療のあり方についての報告書」二〇〇〇年一二月二八日参照。二〇〇〇年三月二一日のフランスの新聞フィガロによれば、精子保存センター設立の一九七三年以来、ＡＩＤによって生まれた子は三万五〇〇〇人であると報道している。

（4）世界で初めての体外受精児の誕生は、英国で一九七八年のことである。わが国では、一九八三年に東北大学医学部附属病院で誕生している。なお、一九九二年には顕微授精（卵の透明帯を開口する方法や、卵細胞質内に精子を注入する方法などの技術である。高度の欠精子症、極端な精子無力症などで、従来の体外受精・胚移植では受精や妊娠しない場合に行われる可能性がある）による子が誕生している。

これらの施術のすべてがわが国で認められているわけではない。わが国の現状は、日本産科婦人科学会が会告で会員間の規制を行っている。これらの点も含めて考えていくことにする。

一　フランス法における人工生殖の目的

人工生殖の臨床上の目的

フランスの法律(5)は、「病の治療」という人工生殖の目的を掲げている。病の治療には、「不妊の治療」と「遺伝病の回避」という二つのものがある。

不妊の治療という目的から、人工生殖によらなくても妊娠の可能性はあるにもかかわらず、人工生殖によって子をもうけたいと思う者が排除される。たとえば、賢い子が欲しいからという理由で、精子の提供を受けて行われる人工授精は、病の治療という目的に反することになる。さらに、加齢による不妊も病でなく、年をとり子が欲しくなったからという望みは、実現されない。

第二に、きわめて重大な遺伝病が子に伝わる恐れのある場合に、それを避けるために行われうる。

このように「病の治療」という絞りをかけて、個人的な嗜好や都合による人工生殖に歯止めをかけている。

(5) フランス保健医療法典および民法典に人工生殖に関する規定がある。

施術希望者にとっての人工生殖の目的

人工生殖の施術を望む者は、生殖可能な年齢にある男女からなるカップルであり、ともに生存しており、合意可能でなければならない。たとえば、同性のカップルであれば、人工生殖で子をもうけることはできない。本来、このような人からは、子が生まれる可能性がないからである。このことは、「人工」生殖を、できる限り「自然」に近づけようとする考えにもとづいているといえる。

[i] 男女からなるカップルであること

子が生まれるには、男女の存在が必要であり、そのことから、人工生殖の要件として、男女からなるカップルであることが求められた。この結果、同性のカップルには人工生殖が認められない。また同時に、独身者にも人工生殖が認められていない。子が欲しいという独身女性（男性と同棲もしてない場合）の人工生殖は、人工生殖の目的にも反し、法律によって認められていないことになる。

またフランスでは、出生の際に、父と母がいるということが親子のもっとも普通で完全なかたちであると考えられている。生まれながらにして、子が片親であるということに、医療が手を貸してはならないと考えて、法律にもこのような要件が加わった。カップルであるということは、生まれてくる子の側の守られるべき利益なのである。
カップルの典型は、婚姻関係である。つまり、法律によって認められた男女の安定した共同生活関係である。これに対して、フランスでは、男女関係の価値観の多様性を反映して、法的な婚姻関係にはないけれども、同棲して生活しているカップルが多い。このような事実上の男女関係を自由結合関係と民法では呼んでいる。関係の解消が自由であるので安定性に欠ける点があるが(6)、事実的なカップルである二人も、「少なくとも二年以上の共同生活」の証明をさせることによって、ここにいう、人工生殖を求めうる関係に含ませた。このことは、法律における男女の関係の価値観の多様性の反映の一つである。

［ii］生殖年齢にあること

高齢者の男女は、一般に子を生む確率は低い。これは病ではなくて、自然のことがらである。このことを考慮にいれて、「カップルが生殖年齢にあること」という条件を求めている。生殖の可能性を、できる限り自然の状態に近付けようとする考え方である(7)。

［iii］カップルが生存し、合意可能なこと

精子などは凍結保存するので、人の死後も保存することができる。本来なら

(6) 自由結合関係に関しては、大村敦志・家族法（一九九九年）二一七頁参照。事実婚と呼ばれることが多いが、婚姻との関連性を否定する意味で、同書二二七頁以下に従い、自由結合という訳語がより的確であると考える。

(7) 二〇〇一年一月四日の朝日新聞では、「『出産は老後の楽しみ』『親になる時』選択」との見出しで記事がある。このような閉経後の出産はフランスでは排除されている。また、二〇〇一年八月七日の朝日新聞は、「六〇歳の日本人体外受精出産」と題して、六〇歳の日本人女性が米国で卵子の提供を受けて体外受精で出産と報道している。

ば、人の死とともに消えていくものであるが、死後も残り、それをもとに生命を誕生させることが不可能ではない。

精子保存センター[8]では、病気や治療のために将来、生殖能力がなくなるおそれのある男性のために、精子の凍結保存を行うことがある。人工生殖に関する立法がなされた一九九四年前に、このような凍結保存をした精子を、夫の死亡後に、妻が引渡しを求めて裁判になった事例があり、引渡しが認められるかどうか判断が分かれていた。

学説は、二つの観点から死後の人工生殖を否定していた。子は生まれながらにして、片親であることになってしまうが、このことは、両親を持つという「子の利益[9]」に反するというのが第一の理由である。第二の理由として、生殖行為は、本来命ある限り可能なことであり、このような凍結保存の技術を用いて、いわゆる「不死の望み」を実現することは認められないというのである。これは、人工生殖の目的に反し、公序良俗[10]に反すると考えられていた。

この問題は、「男女がともに生存し、かつ合意可能でなければならない」と規定することによって解決した。間接的表現ではあるが、死後の人工授精および死後になされる体外受精（男女の生存中に作り凍結保存してある受精卵を死後に移植する施術）は、すべて排除される。生存しているカップルの一方は、もはや引渡しを求めることはできないのである。ここでもやはり、人工的な営み

（8）「卵子と精子の研究および保存センター」（Centre d' ètude et de conservation des œufs et du spermes humains）略してCECOS（セコス）と呼ばれている。国立の機関で一九七三年に設立された。本書では「精子保存センター」と略して訳すことにする。

（9）民法の家族法上の基本概念。子が問題なる事例で、子のためになるかどうかを判断の基準にすること。子の福祉ともいう。児童の権利に関する条約でもこの言葉がでてくる。後掲注（第二部二章（6））参照。

（10）わが国でも、公序良俗に関する民法九〇条は、重要な規定の一つである。人は本来、自由に法律行為をなしうるが、公の秩序・善良の風俗に反する内容を法律行為にもたせることはできない。このような場合には、法律行為は無効になる。たとえば、人に危害を加えることを内容にする契約、妾契約、賭博のための契約、暴利契約など。

の中に、できるかぎり自然の秩序を実現しようとしているのである。

体外受精に特有の目的

受精卵は、単なる精子や卵子とは異なり、生命のはじまりであるという意識がフランスでは強い。多くの倫理的な問題をひき起こす恐れのある技術であり、立法にあたってより活発な議論がなされている。

法律上は、人をその生命のはじまりから尊重することを保障するという内容[11]の条文を民法に設けることによって、受精卵は取引の対象にはならないことが明確にされた。人それ自体が取引の対象にならないのと同じである。受精卵は「物」(権利の客体)ではなく、人に近く、むしろ「権利の主体」としての地位を有するものである。受精卵の、このような位置づけは、体外受精の基本的な姿勢となっている。

また、卵子および精子、両方とも第三者の提供による体外受精を認めていない[12]。医療実務では、卵子を多い目に採集し、受精させて凍結保存する方法がよく採られているといわれている。この余剰胚を例外的に、第三のカップルに受け入れてもらう可能性はある。この受精卵の受け入れには、養子縁組を想起させるような手続きが定められている。

養子縁組に類似した手続きからも、できうる限り、受精卵を人に近づけて考

(11) フランス民法一六条。

(12) 後掲二参照。

えようとしていることがわかる。受精卵の受け入れが妥当かどうか、その合法性が、まるで養子縁組のように裁判官によって判断されるのである。このように、フランスでは受精卵の扱いが慎重に行われている。

以上から、フランス法において、そもそも人工生殖は「人工的」ではあるが、できる限り「自然」の枠組み（父と母の存在、死後の人工生殖の禁止、生殖年齢など）の中で、「病の治療行為」として、生殖に「医師が手を貸す」という人工生殖の目的が読みとれる。

二　フランス法における人工生殖の実施基準

すべての人工生殖に共通の実施基準

人工生殖を実施するにあたって、医師は、施術に関する情報を施術希望者に提供し、意思を確認しなければならない。何が行われ、その結果どうなるのかという基本的な認識をはっきりさせることを、人工生殖の実施の前提にしている。

提供精子、提供卵子による人工生殖の実施方法

提供精子、提供卵子による人工生殖の実施基準は、フランスの人工生殖に関

する法律の中でもっとも興味深いものの一つである。

法律は、医療実務を追認し、精子、卵子の提供を認めた。フランス法では、精子のみならず卵子も提供が可能である。精子や卵子を人体の構成要素とし、単なる「物」ではないという原則を採用した。[13] 提供精子や卵子による人工生殖は、あくまでも二次的で補充的なものである。夫婦間での生殖の可能性が、人工生殖をも含めて、医学上不可能であり、提供配偶子による人工生殖が最終の手段であるという医師の判断が必要である。このことは提供による人工生殖の前提となる。

配偶子の提供は、子のいる夫婦から不妊の夫婦へのプレゼント（つまり慈善の精神）という考え方を基礎にしており、さらに以下の実施基準が定まっている。

[ｉ]提供者は、子のいる夫婦（自由結合関係者も含む）でなければならない。配偶子の提供は、ある夫婦が不妊の夫婦を助けるためになされると位置づけられているからである。その結果、少なくとも助ける側は、子を一人は有していなければ意味が薄れると考えたのである。[14]
[ii]提供者（配偶者を含む）および提供を受け入れる夫婦（自由結合関係の夫婦を含む）の合意は、書面でなされなければならない。これもまた、夫婦から夫婦への提供という考え方の表れであるといえる。

(13) フランス民法一六条の一から一六条の九を参照。

(14) ＣＥＣＯＳの実施基準に関して、松川正毅「フランスに於ける人工生殖と精子の取扱い基準について」ジュリスト九七三号一〇七頁参照。

［iii］提供は無報酬でなされる。人体の構成要素であり、物ではなく、無報酬である。

［iv］提供者も提供を受けた者も身元を明らかにされることはない。匿名性を採用したのである。この匿名性は、「子の親を知る権利」とも関係し、もっとも困難な問題の一つであり、フランスでも今なおよく議論されている。

提供を受ける夫婦は、提供者夫婦を指名することはできない。このように規定することによって、匿名性を再確認し、さらに、とくに卵子の提供に関して起こりうる可能性のある、親族間、友人間での提供によって人工生殖を行うことを禁じているのである。

［v］同じ配偶子の提供者から生まれてくる子の数は、「断固として」五人までと法律は規定した。近親婚を避けるという精子保存センターの実施基準を法律が踏襲したのである。

［vi］また、非配偶者間人工授精（ＡＩＤ）の場合、衛生上、また倫理上の理由で、凍結保存されていない生の精子でもって人工授精することは禁じられている。また提供精子を交ぜて行うことも禁止されている。

提供精子による人工授精は、国立の精子保存センターを通じて入手した凍結精子によって行われる。提供精子はほかからは得ることができず、そのことが、提供精子の取り扱いをいっそう明瞭なものとしている。

裁判官や公証人の面前での承諾

提供精子、提供卵子による場合には、当事者の意思確認に関しても特別の手続きが定められている。医師による意思確認がなされ、最終的に、裁判官もしくは公証人の面前で、事前に承諾しなければならない。提供精子または卵子による施術の場合には、まさに生物学上の親子関係が存在しない者の間に、法的な親子関係を作ることになりうるから、このように裁判官や公証人の関与が求められているのである。

三　親子法上の問題

提供精子や提供卵子による人工生殖では、生物学上の親子関係と異なる親子関係が生じる。このような場合、親子関係をフランス法はどのように考えているのだろうか。(15)

フランス法では、第三者からの提供を受けて人工生殖を行うには、裁判官または公証人の面前でその旨の承諾を行うことになっている。生物学上の親子関係のないところに親子関係を形成するに等しいのであるから、公もしくは公に準ずる者が関与している。このような手続によって、子の法的な地位は安定し、

(15)　親子法の概説を第二章一「日本の親子法」で試みた。ご参照願いたい。

原則として親子関係を争う訴えは提起できなくなる。

例外として、人工生殖によって子は生まれたとはいうものの、これは口実であり、実は妻の浮気の結果によって子が生まれた場合など、人工生殖の結果、子が生まれたのではない場合には、親子関係を争える。また、人工生殖を行う旨の承諾が効力を失った場合にも例外になる。たとえば、人工生殖を実施する前に死亡したり、離婚したり、別居の請求がなされたり、共同生活が終了したときなどである。さらに、夫婦の一方が人工生殖を実施する前に、担当の医師に対して書面で撤回の意思を表示していた場合も、親子関係を争うことができる。

自由結合関係(16)にある場合には、子は婚姻外から生まれた子として、父親の認知が必要になる。この点、婚姻している夫婦と異なる。(17)もしも、提供精子による人工生殖に、男性が承諾を与えながら、出生後、子を認知しない場合には、婚姻外の父子関係が法的に宣言されることになる。(18)

卵子の提供の場合には、提供を受けて出産した妻（または自由結合関係にある妻）と子との母子関係が出産の事実により生じる。

また、提供者、提供を受けた男女の身元は、法的に明らかにされることはない。したがって、子が生物学上の真実の親を求めて争ったり、提供者が親子関係を求めて争うことはできない。

(16) 前掲注（6）参照。詳しくは、第二部第一章参照。
(17) 婚外子の父子関係を確立するためには、認知が必要である。子は嫡出子である。父母が婚姻関係にあれば、子は嫡出子である。父子関係は、婚姻の事実により、自動的に推定され、証明したり認知することは不要である。
(18) フランス民法三一一条の二〇。

さらに、出産を第三者に依頼する契約、つまり代理母契約は無効と規定している。代理母契約は、「人体と法的身分の処分不可能性」に反し、その結果、公序良俗に反することになると考えるからである。たとえば、体外受精を前提とする代理母であれば、受精卵をできうる限り人に近づけて尊重するということとも関連し、その処分は人体の処分に近づき、認められない（万が一、金銭がからめば人身売買を連想させることにもなる）。また、出産した女性が母親であるということを法的な前提とするので、その母子関係を子を欲する女性のために、契約で変更し処分することにもなり、代理母契約は認められないのである。

四　わが国の状況

わが国の人工生殖の現状は、立法による解決はまだなされておらず、前記のフランスのものとは異なる。

人工生殖の目的に関して、日本産科婦人科学会の会告によれば、治療行為を前提としていることは理解できる。(19) しかしながら、非医療従事者が精子の提供を含めて、営利目的で関与していることを問題視し、これに関与すべきではないとの日本不妊学会倫理委員会報告が一九九六年五月二八日付けでなされている。

(19) 一九八三年一〇月の日本産科婦人科学会会告「体外受精・胚移植」に関する見解、一九九二年一月の日本産科婦人科学会会告「顕微授精法の臨床実施に関する見解」を挙げることができる。また、一九八八年の日本産科婦人科学会会告「ヒト胚および卵の凍結保存と移植に関する見解」でも、医療行為という表現から読み取ることができる。

遺伝病の回避という目的は、一九八六年一一月の日本産科婦人科学会会告「パーコールを用いてのXY精子選別法の臨床応用に関する見解」に見られる。

このことからも理解できるように、現実には、精子や卵子などの商業ルートにのった売買が行われている可能性がある。ちなみに、わが国では、インターネットによる精子の売買も行われていると聞く。かなり前の話になるが、大学のキャンパスで精子を一万円で求めるというちらしが配られたことも報道されている。[20] このように、会告に見られている治療行為という目的は、実効性の上で、フランスに劣っていることが理解できる。

精子の提供

規則等の実効性が問題になる原因は、精子の取扱基準の不明瞭さにある。精子保存センター[21]のような組織がなく、どのように提供されているかが明瞭でない限り、人工生殖それ自体、とくに提供精子による人工授精（ＡＩＤ）は、曖昧なものとなってしまう。日本では、精子の提供に関して、フランスで規定されているように子をもうけた既婚者が提供者になるという要件や、無報酬、匿名性、最高何人まで生まれるのかという制限など、明確なルールとしては伝わってこない。[22]

また、フランスでは行われていない特定の者から特定の者への提供もわが国では可能性としてあり、問題である。厚生科学審議会の「生殖補助医療技術に関する専門委員会」が二〇〇〇年一二月二八日に公にした最終報告書によれば、

(20) 一九八七年五月二日の中日新聞。

(21) 前掲注（8）参照。

(22) 前掲注（3）の報告書によれば、無報酬、不完全ながらの匿名性が述べられている。また一人の配偶子から誕生する子の数は一〇人までとされている。フランスでは、厳格に五人までと決められたのと比較すれば、かなりゆるやかである。

匿名の第三者からの提供を原則とするけれども、特例として兄弟などの近親者からの精子の提供の可能性も認めている。この特例は、フランス法の観点から考えれば、人工生殖の目的に反することになり、問題である。

卵子の提供

卵子の提供に関して、わが国では、日本産科婦人科学会の勧告にもかかわらず、実行している医者が存在している。[23] 精子に関しては、ほぼ公に提供が認められているが、卵子に関して、日本産科婦人科学会会告はその提供を認めていない。[24]

技術上の問題はあるかもしれないが、法的には、精子の提供を認めるのと異なる問題が生じることはない。「生殖補助医療技術に関する専門委員会」も二〇〇〇年に、卵子の提供を認める報告書を公にしている。

精子の取り扱いが不明瞭であることがひき起こす問題点はすでに指摘したが、同じことが卵子の提供にもいえるのである。卵子の提供を否定することはないが、匿名性、無償性など明確にすべき点は残されている。卵子の提供に関しても、フランスでは匿名性を採用し、特定の者からの提供を認めていない。ここにも、人工生殖の目的・精神（夫婦のなす慈善の精神）を貫徹させているといえる。わが国では、卵子の提供（受精卵の場合も同様）に関しても、親、

(23) 一九九八年に長野県の医師が、妻の妹からの提供卵子による体外受精で三組の夫婦に双子の赤ちゃんを誕生させていることが報道されている（たとえば、朝日新聞一九九八年六月六日夕刊）。

(24) 一九八八年の日本産科婦人科学会会告「ヒト胚および卵の凍結保存と移植に関する見解」で、卵は採取した母体に移植すると規定されている。

姉妹からの提供の可能性を認める内容の報告書が公にされている。特定の者からの提供を認めるかどうかは、人工生殖をどのように考えるのかの基礎的な問題である。つまり、当事者の欲求に妥協するのか、それとも人工生殖に公の秩序を実現する姿勢をとるのかが問われているといえる。人工生殖の目的、精神から考え、後者の立場がふさわしいと考える。[25]

(25) 日本産科婦人科学会の倫理審議会は「当面は近親者間での卵子提供は認めるべきではない」とする最終答申をまとめている。

精子などの凍結保存

精子などを凍結保存する以上、死後の人工生殖は可能性として起こりうる。生存しており承諾可能であるということをフランスでは求めているが、わが国ではこのことは明らかでない。夫の死後に、凍結保存されていた夫の精子による人工授精が、具体的に問題になる可能性がある。

受精卵に関しては、一九八八年の日本産科婦人科学会会告「ヒト胚および卵の凍結保存と移植に関する見解」で、凍結保存期間が婚姻の継続期間とされている。このことより、現在は、受精卵に関しては、死後の移植は、医療実務上ありえないことになるのであろう。

受精卵の提供

胚および卵は採集した母体に移植するということになっているので、医療のうえでは受精卵の提供ということもありえない。フランスでは、この問題を養子縁組類似の手続きで解決していることはすでに述べた。また、「生殖補助医療技術に関する専門委員会」は、提供卵子による体外受精、提供精子による体外受精、精子・卵子両方の提供によって得られた胚の移植、および受精卵の提供を認める報告書を作成している。[26] この問題を考えるうえで、フランスでは、生命の始まりである受精卵の扱いは慎重であることを想起すべきである。あたかも養子縁組相当の手続を課している。受精卵は単なる「物」ではないという意識は、人工生殖の秩序として最低限求められよう。

提供精子による人工授精

日本産科婦人科学会の会告によれば、体外受精の施術の希望者を夫婦に限っている。[27] 提供精子による人工授精に関しては不明であったが、「生殖補助医療技術に関する専門委員会」の報告書では、法律上の夫婦に限っている。この点は、将来の男女関係の多様化に伴い、柔軟に対応していかなければならなくなるかもしれない。

また、提供精子によって生まれてきた子の法的な地位は必ずしも安定していない。フランスでは、裁判官または公証人の面前でなす承諾により、親子関係を争えなくするという解決方法をとった。わが国は、まだこのような立法によ

（26）前掲注（3）の報告書参照。現在の日本産科婦人科学会の会告では、これらは認められていない。

（27）たとえば、一九九〇年一一月一五日の日本不妊学会理事会の「顕微授精法の臨床応用に関する見解・案」、一九八三年一〇月の日本産科婦人科学会会告「『体外受精・胚移植』に関する見解」、一九八八年四月の日本産科婦人科学会会告「ヒト胚および卵の凍結保存と移植に関する見解」参照。

る解決方法はなされていない。次に述べるＤＮＡ鑑定の発展とともに、提供精子による人工授精によって生まれてきた子の、生物学上の親子関係が明らかにされる危険性が常にありうる。

提供精子による人工授精に関して、わが国ではすでに二つの裁判例が公にされている。

第一は、夫の承諾を得て人工授精を行って子をもうけたが、後にその夫婦の離婚に際し、親権者をいずれにするかが争われた高裁決定である。提供精子による人工授精子は父親と自然的な血縁関係がなく、このことが子の福祉に影響を与えることもありうるとしたうえで、人工生殖子であるという事実は考慮すべき事情の一つではあるが、本件においてはそのことを考慮に入れなくても、親権者を母と定めるのが相当であると判示した。(28)

二つめの判決は以下のものである。夫婦に子ができなかったので、配偶者間の人工生殖による治療を受けていたが、妊娠しなかった。その後、妻は非配偶者間人工授精（ＡＩＤ）を受け、子を出産した。当時、二人は、事実上の離婚状態にあった。夫は出生届を出したが、後に親子関係を否定するために嫡出否認の訴え(29)を提起した。大阪地裁は、二人が事実上の離婚状態にあったこと、さらに、提供精子による人工授精に際して夫は誓約書を作成していないことを理由に、承諾がなされていないと判断した。その結果、父子関係はないものと

(28) 東京高決平成一〇年九月一六日家月五一巻三号一六五頁。この決定には、以下の点で問題があると考えている。現行法のもとで同意を得てなされた提供精子による人工授精子が嫡出子になる理由が明確ではない。また、いったん親子関係が確定したのであれば、人工生殖で生まれたという事実は、親権者の決定にあたり、考慮の対象にはならないものと思われる。

(29) 婚姻関係にある女性が子を出産すれば、その夫と子の関係は推定される。この父子関係を否定するには、夫が出生を知った時から一年以内に嫡出否認の訴えを提起しなければならない（民法七七七条）。詳しくは第二章一を参照。

判断し、嫡出否認の訴えを認めた[30]。この判決では、わが国の精子の取り扱いが曖昧であることが争いの原因であることがわかる。精子を管理するフランスの国立の精子保存センターのような組織がないことが、わが国の人工生殖での大きな問題として浮かび上がってくる。提供精子をどのように取り扱っているのかは、提供にもとづく人工生殖を考える基礎であるにもかかわらず、わが国はなぞに包まれている。現在の状況では、特定の者の精子を特定の者に提供している印象や、生の精子で提供を行っているような推測さえ可能である[31]。ここでは、もはや、不妊の治療という目的、つまり、不妊の夫婦へのプレゼントという慈善の要素は薄れてしまっている。

提供卵子による人工授精

事実上行われている提供卵子による人工生殖の場合も親子法上の問題がある。現在の判例・通説的な考え方によれば、出産した女性がその子の母親である。この考え方に従えば、親子関係が自然のものと法的なものとが一致しなくなる。自然的な親子関係を科学的に証明することが可能な時代になり、生物学上親子関係との不一致が明らかにされる恐れがある。その場合には、現行法のもとでは、やはり法的に親子関係が否定される可能性がないとはいえない。

(30) 大阪地判平成一〇年一二月一八日家月五一巻九号七〇頁。

(31) 前述の大阪地裁の平成一〇年の判決の事実を参照。

まとめ

提供精子、卵子、受精卵による人工生殖に際して、親子法上の問題も非常に重要である。しかし、その前提として、フランスでは精子、卵子、受精卵の取扱基準が明瞭に規定されている意味は大きい。それが明瞭であってこそ、親子関係の法的な問題も明らかなものとなるし、規制も実効性を有することになる。人工生殖に関してはすべてはここからはじまるといえる。

わが国の現状をかえりみれば、現在、インターネットによって、精子を有償で取得できるようになってきている。また、アメリカの代理母斡旋センターを紹介したり、卵子の提供を媒介する代理母出産情報センターも、日本に存在している。人工生殖の領域では、人の望みの実現のために、事実は一人歩きする。生殖はきわめて私的な営みであると同時に、人間の根幹、親子の基礎にもかかわる公序の要素も有していることを無視することはできない。このような理由から、人工生殖の基本的な目的、精神にもとづいた規制が必要であると考える。

フランス型の公序にもとづく規制をわれわれはよしとするのか、アメリカなどで行われていると聞く商業ベースにのる解決方法をよしとするのか、また全く第三の解決方法を選択するのか、われわれはもはや等閑しつづけることはできない状況の中にいる。

第二章　ＤＮＡ鑑定

近年ＤＮＡ鑑定技術の発展には目を見張るものがある。これにより、親子関係の真実がわかる確率が飛躍的に高まった。

本来、「真実」という名の持つイメージは、よきことの印象をわれわれに与える。親子法の領域でも、親子の真実が分かりよいことだという印象を持つにちがいあるまい。そのよき面が、たとえば子の認知が問題になっている場合にあらわれる。また、真実の父親はＡまたはＢいずれであるかが争われ、しかも当事者のすべてが真実を求めている場合には、ＤＮＡ鑑定を有益であると考えるであろう。

その反面、親子関係には、とりたてて生物学上の真実は必要でない場合がある。長年、親子として戸籍にも記載されている親子関係であるが、なんらかの拍子に真実が分かってしまい、家庭の平和が混乱に陥ることがある。

長年築かれてきた親子関係が、「生物学上の真実」の前に崩れ去ってしまう場合、氏の問題（戸籍の問題）、子の扶養の問題、親の扶養の問題、そして何よりも相続の問題に至るまで、その影響力が広範囲に波及していく。「生物学上の真実」の与える影響の大きさは、無視できない。ＤＮＡ鑑定技術の発展は、家族法とくに親子法に、計り知れない影響を及ぼしている。

「生物学上の真実」と並ぶ価値観として、親子の生物学上の真実を越える価値観、いうなれば守るべき親子関係として、「愛情による親子関係」「事実上の真実」が、親子法に存在する。真実の光をあててもよい親子関係も存在する反面、真実の光をあててはならない関係が存在する。このような考え方は、日本法にも必要ではなかろうか。

以下で、わが国の親子法の特色を簡単に述べ、フランス法と比較しながら、DNA鑑定の親子法に与える影響について考えることにする。

一　日本の親子法――フランス法との比較の中で

わが国の民法典では、親子に関する法律として、実子と養子が規定されている。実子は、男女の交わりの結果生まれてきた子であり、嫡出子《ちゃくしゅつし》と非嫡出子からなる。これに対して、養子は親子になろうという意思を中心にして、すでに生まれている他人の子と親子関係を法律的に作ることである。(1)したがって、原則として、前者では血縁関係が問題になるが、後者では親子の血縁が問題になることはない。すなわち、親子関係が争われ、DNA鑑定が問題になりうるのは実子であるので、以下では実子について述べる。

(1) このように真実の親子関係にない者の間に親子関係を創設しようとすることは、人類の歴史において古くから、至るところで見られる。養子制度の歴史は古く、ローマの時代にも遡ることができる。

嫡出子

親が婚姻関係にある男女から生まれた子は、嫡出子である。嫡出子であれば、父子関係をわざわざ証明しなくてもよい。この点は、親が婚姻関係にない非嫡出子と大きく異なる。

民法第七七二条第一項は、妻が婚姻中懐胎した子は夫の子と推定している。つまり、婚姻後に夫婦間で関係があり、子を懐胎した場合を当然の前提としている。ここでは、いつ懐胎したか（つまり、いつ関係したか）を問題にしている。

ところが、第二項によって、婚姻成立から二〇〇日後、または婚姻解消もしくは取消しの日から三〇〇日以内に生まれた子は、父母が婚姻中に懐胎したと推定している。つまり結果的には、いつ関係したかというような懐胎の時期を探ることはしないで、子がいつ生まれたかを判断することによって、婚姻中に懐胎したと推定しているのである。父と母が婚姻していれば、推定により、母親の夫が、父親になる。夫婦であれば、妻の生んだ子の父親は夫である蓋然性が高いのが普通だからである。これを嫡出推定という。

このように、父子関係を婚姻とからめる考え方は、きわめて法律的なテクニックであり、その起源は古く、ローマの法諺にも次のような表現が見られる。

Pater is est, quem nuptiae demonstrant.（父は婚姻が指示する者なり）。

（2） 嫡出推定にいう婚姻成立から二〇〇日後に関して、民法は本来、婚姻後に同棲をはじめて、そして

法律のこのような考え方は、父子関係を一〇〇%は証明不可能であった時代を考えれば、人類の知恵であったといえよう。

この嫡出推定は拡張されたり、制限されたりすることがある。

婚姻成立から二〇〇日以内に生まれてきた子に関して、判例は嫡出推定を拡張し、嫡出子とした(2)。

これに対して、嫡出推定が制限される場合には、ＤＮＡ鑑定との関連で問題が多い。

婚姻成立から二〇〇日後、婚約解消から三〇〇日以内に生まれてはいるけれども、夫婦の間に子が生まれる客観的な可能性のない場合、たとえば、夫が長期間不在であったとか、服役中であった場合などには、嫡出推定は及ばない(3)。このような子は「推定の及ばない子」と呼ばれる。これは判例理論であり、真実に反する親子関係を否定しやすくし、親子関係を真実に合致させようとする傾向の一つであるといえる。

このような判例理論に見られる考え方は、嫡出推定の規定を形式的に適用するというのではなくて、真実に近づけるために、嫡出推定を制限する可能性があることを示している。このような事例で、親子関係を否定するには、手続の厳格な嫡出否認の訴え(4)によることなく、要件のゆるやかな法律関係の不存在確認の訴訟（親子関係不存在確認の訴え）を提起すればよいことになっている。

子を生むというパターンを想定している。しかしながら、婚姻の前に関係を持ったり、同棲したり、内縁関係にあり、子ができてから婚姻する男女も存在する。このように、婚姻後二〇〇日に満たないで生まれてきた子に関して、判例（大判（連合部）昭和一五年一月二三日民集一九巻五四頁）は、認知を待たずに当然に嫡出子の身分を取得すると判示した。つまり、非嫡出子扱いにはならないのである。ただし、このように二〇〇日以内に生まれてきた子は、嫡出子ではあるが、推定を受けないという点に注意しなければならない（大判昭和一五年九月二〇日民集一九巻一五九六頁など）。

戸籍事務管掌官には、男女がどのような関係があったかを審査する権限がないので、戸籍実務上、内縁関係があったかどうかを審査することなく、結果的に、婚姻から二〇〇日以内に生まれた子は、出生と同時に嫡出子として扱っている。

なお、法律用語として「後」は「以後」と異なり、基準日を含まない。

（3） 最判昭和四四年五月二九日民集二三巻六号一〇六四頁。

（4） 民法七七四条以下に規定されている。嫡出否認の訴えに関しては、後掲注（11）参照。

このように考えると、どのような場合に「推定の及ばない子」にあたるのかが問題になるが、これはかなり難しい問題である。

たとえば、夫の行方不明、海外在住、服役中[5]、長期にわたる事実上の離婚状態[6]などで、客観的に妻が夫の子を生むことがありえない場合に、妻が子を生んだときは、その子は推定の及ばない子になる。子との間で人種の異なるとき、たとえば、日本人夫婦で、妻が青い目の子を生んだ場合も、外観上明らかにわかるので、これに入れてよいだろう[7]。

これに対して、夫の生殖不能、血液型の背馳《はいち》など、外観だけでは母親が夫の子を生むことがあり得ないということが明らかでない場合には、見解が分かれている。裁判例には、夫の精管切断手術（パイプカット）を受けていた事例で、推定を否定したものがある[8]。生殖不能に関して嫡出推定を否定した事例もある[9]。血液型の背馳に関して、嫡出推定がはたらかずと判示するものもある[10]。いずれも外観のみでは、父子関係の不存在が明らかではない事例である。これらは、より真実を重要視する考え方にもとづいて判断がなされている。

また、子、その母および夫の間で合意が形成されている場合には、推定を排除できると考えるものもある。ここに至っては、嫡出推定による嫡出否認の訴えという構造は形骸化、空洞化されてしまっている[11]。

さらに、最近は、守られるべき家庭の平和は存在するのかどうかを検討し、

（5）那覇家判昭和五一年二月三日家月二九巻二号一三〇頁では嫡出推定を否定している。

（6）前掲最判四四年五月二九日、大阪高判昭和四三年七月三〇日家月二一巻一〇号一〇一頁がある。いずれも嫡出推定を否定している。

（7）学説には外観に含めないものが多い。審判例として、日本人夫婦から、黒人との混血児が生まれた事例である福岡家審昭和四四年一二月一一日家月二二巻六号九三頁がある。この審判では、推定は受けないとされている。

（8）東京家審昭和五八年六月一〇日家月三六巻八号一二〇頁。

（9）新潟地判昭和三二年一〇月三〇日下民集八巻一〇号二〇〇二頁。

（10）大阪高判昭和五一年九月二一日下民集二七巻九＝一二合併号五八三頁、東京家審昭和五二年三月五日家月二九巻一〇号一五四頁。

（11）親子関係を否定する訴えは二つある。要件の厳格な嫡出否認の

親子関係の否定の可能性をさぐる考え方もある。

DNA鑑定と嫡出推定の空洞化

現在では、後述のように、いったん鑑定に持ち込み、DNA鑑定を行えば、ほぼ一〇〇%に近い確率で、親子関係の存否がわかる。このように科学技術の発展した現状の中では、推定の及ばない子の概念も変更せざるをえないであろう。真実を直視すれば、真実に反する親子関係はすべて、結果的に否定できるおそれがある。わが国の親子法の理論においては、「推定の及ばない子」の範囲いかんによっては、嫡出推定の規定が完全に有名無実化される。

この有名無実化に歯どめをかける必要性がある。問題はどのような理論で行うかである。親子関係の実体もあり、戸籍上も親子関係にある場合には、第三者からこれを否定する機会を認めないのが親子関係の守りであるように思われる。たとえ生物学上の親子に反していても、それを明らかにしない「法によって守られるべき親子関係」があるのだということを、われわれは知るべきであろう。本人たちが幸せに暮らしている場合に、なぜ第三者が、この親子関係を否定することができるのであろうか。細やかな幸せが「真実の名のもとに」崩壊してしまうこともある。また、子が温かい家庭を必要としている間の親子関係が重要であるにもかかわらず、その期間をはるか経過して争いになることが

訴えと、要件のゆるやかな親子関係不存在確認の訴えがそれである。①嫡出否認の訴え（民法七七四条以下）嫡出推定の結果、夫の嫡出子と推定された場合に、その推定を破るためには、嫡出否認の訴えを提起しなければならない。この訴えによってのみ、推定を受ける嫡出子との親子関係が否定され得る。

民法の条文によれば、夫のみが、子の出生を知った時すなわち妻が分娩したという事実を知った時から一年以内に訴えなければならないことになっている（七七四条、七七七条）。一年の経過、または出生後に自己の子であることを承認した場合に、夫は否認権を失う。

②親子関係不存在確認の訴え（判例理論）子が、推定を受けない嫡出子であったり、推定の及ばない子である場合には、親子関係不存在確認の訴えが提起できる。この訴えは、判例によって認められている。この訴えは、出訴期間に制限がなく、利害関係を有する者ならば誰でも提起することができる。

ある。いざ相続になって親子関係を否定してくるのも、何のための親子法であるのか、奇妙な印象を与えかねない。

判例・裁判例は、一時期、外観のみに限定せずに、真実重視に傾いていた。しかし、最近は、嫡出推定の空洞化に歯止めをかけたいのか、外観のみから親子関係の可能性を探る考え方に傾き始めている。(12)嫡出推定を否定する訴えは、夫からの一年以内の行使が求められているが、それを重要視して判断する傾向がうかがわれる。二人の間の子でないことが客観的に明らかでない限りは、嫡出推定の規定を厳格に適用し、夫が一年以内に嫡出否認の訴えを提起しない以上、もはや親子関係は争えないと解するのである。(13)このような判例の傾向には、嫡出推定の空洞化に歯止めをかけようとする意図がうかがわれる。しかしながら、このようにしてまで、実体のない空虚な親子関係に強制的に閉じ込めておく必要性はないと考える。

非嫡出子

非嫡出子であれば、父親は誰かに関して、嫡出子のような推定規定はない。父親の積極的な意思にもとづきなす「認知」(14)か、子側からの「認知の訴え」(15)によって、法的な親子関係を証明しなければならない。

(12) 最判平成一〇年八月三一日判時一六五五号一一二頁、最判平成一〇年八月三一日判時一六五五号一二八頁、とくに前者の判決参照。

(13) 最判平成一二年三月一四日判時一七〇八号一〇六頁。

(14) 婚姻外に生まれてきた子には嫡出推定がはたらかず、父子関係は自動的には証明されない。このような場合に、父自らの意思で認知を行うことを決意し、認知届を出すことによって任意認知（民法七八一条）を行う。父子関係の確定に、もっぱら父の意思が重要な役割を果たしている。また届出を受理する戸籍事務管掌官には親子関係に関する実質審査権はないので、真実の親子関係の存在とは関係なく、認知がなされる可能性がある（このような場合には、認知無効が問題になる。民法七八六条）。

なお、認知は、遺言によっても、これをすることができる（民法七八一条二項）。

(15) 父自ら、婚姻外で生まれた子を認知しない場合に、父の生存中はいつでも、またさらに死亡後も三年に限り、子、その直系卑属またはそれらの者の法定代理人は、認知の訴えを提起することができる。

認知の訴えにおいては、父子関係

フランス法の特徴

わが国の親子法は、継受しなかった重要な制度もあるが、主としてフランス法を継受した。以下で、母法といえるフランスの親子法の特徴を、四点ほど指摘することにする。

まず第一に、嫡出推定が、拡張されたり、制限されたりすることがあるのは、わが国の事情と類似している。つまり、生物学上の真理の探究である。それにもとづき、真の親子関係を成立させようとする動きである。

第二に、非嫡出子に関しては、フランスでは冷遇の歴史がある。父の捜索は永らく許されていなかった。

現行の親子法は、一九九三年の法律によって改正がなされた条文に基づいている。種々の制限はあるものの、広く一般的に認知の訴えが認められる可能性が生まれた。現在も存在している制限として、訴え可能な期間の制限と、「証拠の端緒」を、訴えの前提として求めている点を指摘できる。つまり、父からの手紙などの親子関係の蓋然性の高さを示しうるなんらかの端緒がなければ、法的な手続きとして、認知の訴えは不可能である。その意味では、ある日突然、男性に対して認知の訴えが提起されることはない。

また母の非嫡出子に関していえば、一九九三年、中絶せずに子を産めるようにとの配慮からフランス民法典に、母の名を示さないで出生届を作成する、匿

を証明しなければならない。最高裁は各種の間接事実を総合して父子関係を認定する態度を示しているが、ここ数年の間に、この分野でDNA鑑定がよく用いられはじめた。

名出産という制度が採り入れられた。その結果、母子関係に関して母親の捜索のできない可能性が法律として認められた。

第三に、フランスには、伝統的に身分占有[16]の理論がある。その役割、重要性は、時代に応じて変化している。かつては条文の反対解釈で、身分占有がないから親子関係を否定できるという理論が判例によって唱えられたことがある。しかしながら現在では、普通の親子としての外観があり、それが子どもの出生証書に嫡出子として記載されている親子関係と一致していれば、たとえ生物学上の真実に反しているとしても、もはや誰もその親子関係を争えない[17]という、身分占有の正面からの理論が重要性を増している。つまり、DNA鑑定などの科学技術の発展に応じて、身分占有の本来の意味が再認識されている。身分占有では、身分に関する証書に合致する親子関係で実際の生活を営んでいることが重要である[18]。身分占有がある場合には、親子関係が生物学上の真実であるかどうかは問題にされることはない。このような身分は、訴訟からも、また鑑定からも守られている。

このようにして、真実を基礎に、守りの理論ができている。法は、生物学上の親子関係を無視はしていないのである。生物学上の真実は恐ろしい力であり、守るべき親子関係には、生物学上の真実を用いることを認めないのである。つまりわからないままでよいのである。これに対して、守るべきものがない関係

(16) フランスの親子法上、重要な制度の一つ。身分は階級の意味ではなくて、父子関係とか母子関係、夫婦の関係など、人と人の法的な関係を意味する。親子関係に関して、身分占有は、実際の生活という事実(時間の経過)と、身分証書に記載されているという事実から、その営まれている関係を、法的に取得している扱いをするものである。フランス民法三一一条の二で規定されている。実際の生活の事実には、氏を称していたこと、親子として扱われてきたこと、子の養育・自立に資したこと、社会によって親子として認められていることがあげられている。

(17) フランス民法三二二条。

(18) 母子関係に関して、出産偽称(suposition d' enfant)と故意であれ過失であれ、同じ時期に生まれた子の取替え(substituion d'enfant)があった場合には、たとえ出生証書に合致する身分占有があっても、この虚偽の親子関係を争うことができる(フランス民法三二二条の一)。また、母親がなす嫡出否認の訴え(フランス民法三一八条)に

には、ＤＮＡ鑑定による「真実」の力で解決する。フランスでは生物学上の真実を決して軽く扱うことなく、むしろ、社会的にも、法律的にも親子の基礎であるということを充分に認識しているといえる。

非嫡出子に関していえば、虚偽で任意認知をした場合、その認知に合致する身分関係で父子関係が一〇年以上継続すれば、もはや後にその認知は虚偽であったといえなくなる。[19]このように、認知し実際の生活がある程度継続した男性を子の父としている。ここでも親子の生物学上の真実性は問題とされていない。

第四に、時の経過は、前述の身分占有においても重要なことがらであったが、そのほかにも、フランス法では「訴権の時効による消滅」が、法的に重要な機能を果たしている。

わが国では、財産法の分野とは異なり、身分法の領域[20]ではこのような時効による訴権の消滅の考えはない。ところが、フランス民法典では、親子関係に関するすべての訴権は三〇年で時効により消滅する。[21]

期間が経過し、訴権が消滅してしまえば、たとえ親子関係が真実でなくても、もはや誰も争えなくなる。その結果、親子関係は安定する。ここでは、父たる者は、時の経過により、その真実のいかんを問わず、父になるという法的な考え方を垣間見ることができる。

さらに、非嫡出子に関しては、認知の訴えに期間制限がある。これはわが国

関して、たとえ、出生証書記載の父親と身分占有があっても、母は否認権を行使し得るという破毀院の判決がある（Civ. 16 février 1977, B.I, n. 92 ; D. 1977. 328, note Huet-Weiller ; JCP, 1977 2. 18663.）。これらは、身分占有に加えられた大きな制限であり、法論理的な整合性の問題をはらんでいることには相違ない。

（19）フランス民法三三九条三項。

（20）民法典は、財産法と身分法からなる。身分法は、家族法とも呼ばれ、わが国では、一般的に、家族に関する法と相続法を意味する。

（21）フランス民法三一一条の七。

の制度とは異なる。(22)

二　DNA鑑定――真実を照らす光

親子法（実子）においては、生物学上の真実が重要な役割を果たしており、DNA鑑定が家族法に影響をもたらす。DNA鑑定は問題となっている親子関係を明らかにしたいと欲している当事者に役立つ。しかしながら、相続を有利に進めるために、ある者の親子関係を否定しようとすることもありうる。このような場合、今までの親子関係が一夜にして崩れ去る。

法律において、自然の血縁関係が重要である以上、DNA鑑定が益にもなり、またすべてを崩壊せしめる力にもなりうる。DNA鑑定にはこの両面性があることを知ることが大切である。科学技術の進歩は、便利であり有益であると同時に、予期もせず、無意識下に、些細なつつましい家族の平和を打ち壊してしまう恐れもあることを認識すべきである。

フランスのDNA鑑定

フランスでは、このようなことを理解したうえで、DNA鑑定は、法律上、慎重に用いられている。

(22) フランス法では、子が未成年の間は出生後二年以内に認知の訴えを提起しなければならず、その期間を経過してしまえば、認知請求権はいったん消滅してしまう。そして未成年の間に訴えが提起されなかった場合には、子が成人に達した後（フランスでは一八歳）、二年以内に訴えを提起しなければならない。

まず、ＤＮＡ鑑定を利用できる場合が、法律で定められている。つまり、親子関係に関する訴訟に関して、ＤＮＡ鑑定は裁判所の命令で、証拠調べとして行われる。当事者や弁護士が勝手に、専門家や企業に直接鑑定を依頼して、ＤＮＡ鑑定を行うことはできない。また、裁判所に、当事者が鑑定を権利として請求することもできない。訴訟の中で、裁判官が必要であると判断した場合にのみＤＮＡ鑑定が命じられるのである。[23]

さらに、ＤＮＡ鑑定はあらかじめ認可された専門の機関に限って実施され、[24]商業ベースにはのらない。ましてや、興味本位でＤＮＡ鑑定を依頼することも、身体検査の一つとして学校で行うこともできない。

もしも万が一、このようにして「真実」がわかってしまえば、親子関係が否定される可能性がつねにある。ちょっとした不注意や興味本位で、平和に暮らしている親子関係を踏みつぶしてしまうような影響を与えかねない。このようなことがないようにフランスではＤＮＡ鑑定の管理が厳しい。ＤＮＡ鑑定が可能な場合を限定することにより、いわゆる「真実の嵐」から、法的な親子として生活している者の関係を守っていると表現することができる。

フランスの親子法には、一方では生物学上の血縁重視という中心になる価値観があり、他方では事実上の生活も考慮に入れた価値観がある。ほかにも意思を重視した価値観[25]などが存在する。この結果、たとえ真実に反していても、真

(23) フランス民法一六条の一一。
(24) フランス民法一六条の一二。
(25) たとえば提供精子、提供卵子による人工生殖や母の名を明らかにしない匿名出産など。

実を求めて訴訟はできず、結果的に親子となってしまう場合がある。このことはつまり、生物学上の真実の力を充分認識したうえで、DNAという真実の荒々しい波の防波堤としての役割を果たしうる伝統的な法理論が親子法それ自体の中に存在していることを示している。守るべき親子関係と真実の光をあててもよい親子関係とを熟知している法であるといえる。

わが国のDNA鑑定

このようなフランスの事情は、わが国の事情とは大きく異なる。わが国では、商業ベースに乗ったDNA鑑定を仕事とする企業があり、ひろく鑑定を受けつけている。裁判によらずに当事者間で、争いがスピーディに解決できるという利点はある。しかし、むしろ生物学上の真実が、崩壊せしめるものもあるという認識を、より強くもつべきである。計り知れない影響がある以上、DNA鑑定の扱いは慎重になされるべきである。

DNA鑑定が必要であると裁判官が判断した場合には積極的に用い、また、親子関係にいわゆる守るべき利益がある事例では、DNA鑑定を利用させないというフランス法の姿勢は、大いに学ぶべきであると思う。わが国では、法においても、また市民の意識においても、(26) 親子関係に守るべきものがあるという意識は乏しい。その結果、法律においても社会においても、DNA鑑定は野放

(26) 一九九九年三月二七日の朝日新聞大阪版朝刊では、「高校の先生二〇人先端技術体験」と題して、DNA鑑定の実験に挑む内容を好意的に報道している。

し状態である。

まとめ

フランスと比べれば、わが国の親子法は、ＤＮＡとの関連で、真実の重さの認識に欠けていると思われる。生物学上の親子関係が明らかになってしまえば、人はいやおうなしに、その価値を認めるものである。真実の力は強いものである。

一方で、真実でもって関係を明らかにしてよい関係もあれば、他方で、真実でもって明らかにしてはならない関係がある。

嫡出推定の結果生じた愛情に育まれている親子関係を、こわすことに法は協力する必要性はない。ここには、生物学上の真実の光は不要である。しかしながら、親子関係の実体がなく、しかも争われている場合には、真実の光が必要であろう。このようなときに、親子関係にない父子関係に満足する男性はいないであろう。生物学上の親子関係がなく、しかも争っている以上、無理に親子関係を押し付けても意味がない。一年以内に訴えなかったから争えないとして、[27]嫡出推定の規定の形骸化に歯止めをかけようとする最近の判例の傾向は気になる。法は生物学上の真理に優越するというのであろうか。争っている当事者に

（27）嫡出否認に関して、前掲注（11）参照。

生物学的な親子関係が存在しないことが明らかになれば、関係の修復は不可能であろう。法がどのように言おうと当事者間で実効性は薄い。意味のない無益な親子関係に閉じ込めさせておく必要性はない。守るべき生活の実態さえなく争いのあるところでは、やはり光をあてて解決すべきである。なにゆえ、「嫡出推定」というフランスの一九世紀のシステムにこだわるのか理解できない。[28] 愛情につつまれた親子関係に見られる愛情に基づく真理は、生物学上の真理を越える。しかしながら、こわれた親子関係の中に、生物学上の真理を越える「真理」がはたして存在するのであろうか。

このように、一方で真実の光をあててもよい領域があり、他方では真実の光から守るべき領域がある。ＤＮＡ鑑定は、科学技術が発展する以前のいわゆる不明瞭さに救われていた領域に、真実の光をもたらした。ひとたび、光をあてれば親子関係があるかないか、わかってしまう。かつて、あいまいさに救われていた関係にも、光があたってしまう恐れがある。

この強力な真実の光を放つＤＮＡ鑑定に関しては、ふとした軽率な鑑定から、思わぬ事態が生じる可能性がつねにある。フランスでは、法律の中に守る理論が内在しているにもかかわらず、さらに民法によりＤＮＡ鑑定の利用を制限する規定が設けられている。

わが国の法律学は、血縁にはもとづかない事実上の親子関係、言い換えれば

(28) 伊藤昌司「実親子関係と守旧的法理論」判例タイムズ一〇三九号七二頁参照。

「愛情にもとづく親子関係」をも法的に安定したものにする必要性があり、そのための要件を考究すべきであると考えている。いったい親子関係とは何か、真実の光をあてずに守るべきものは何かを知るべきである。また同時に、真実の光をあてて、場合によってはこわしてもよいものはなにかも知るべきである。

真実を照らす光であるＤＮＡ鑑定の普及につれ、親子の関係に曖昧さの要素がなくなったことの意味を知るべき時にきている。

第二部　生きる

――愛する、暮らす、別れる――

第一章　男女関係の多様化

一　男女関係の価値観の多様化

本来の姿？──フランス民法典の編纂者ポルタリスの考え

ここ数年来、男女の関係、男女の関係（同性のパートナー関係も含めて）は複雑になってきている。男女の関係、またさらに男、女という概念が多様化しつつある現在、このような現象が法的な婚姻概念に影響を与えないはずはない。たとえばフランスにおいて、法はどのように対応すべきかが問題になり、現に対応がなされつつある。

男女の法律の根拠をどのように考えるかは、男女関係（同性も含めて）が多様化するにつれて意外と困難な問題になる。一八〇四年のフランス民法典の編纂者の一人であるポルタリスは、婚姻に関する法律の根拠について、思索にあふれた説明を行っている。(1)キリスト教にもとづいた男女の理性的な営みの説明に続けて、一夫一婦制の根拠を次のように説明している。「この契約を成立せしめる愛ないしは好ましさの感情は、婚姻において妻又は夫が複数であってもよいかどうかについて提出されるすべての問題に解決を与えるものである。と

日曜日のリュクサンブール公園（パリ）

(1)　ポルタリス／野田良之（訳）・民法典序説（一九四七年）三二頁以下参照。民法とくに家族法を学ぶうえで、本書は必読の古典である。

いうのは、愛せられる当の対象を除いては、一つの性は他の性に対して、もはや何ものでもなくなるというのが愛の力だからである」。このように、一夫一婦制の根拠を説く。そして、「この全時期を通じて、夫も妻も子供等も同一の屋根の下にしかも最も近い利害によって相結ばれて、最も優しい愛情の習慣を得る。夫婦は互いに相愛すべき欲求を感じ、かつつねに相愛すべき必然性を感ずる。そこには、人間の知っている感情の中で最も優しい感情、すなわち、夫婦の愛と親子の愛が生まれかつ強化されていく」と説明が続く。そして、これが自然的結果としての婚姻の本質であると述べている。

現在では、理想に聞こえるかもしれないが、婚姻の本質として味わい深い。このような継続的な「愛」の考え方を基礎に、民法典に婚姻に関する法律が制定され、特別の男女関係を「婚姻」として保護した。

フランス民法典の約二〇〇年の流れの中で、社会や人びとの意識が変遷し、このようなポルタリスの考え方は実現困難な場合が現れてくる。現代は、このようないわゆる原則、理想から離れた事態にどのような解決方法を与えるかが問題になっているといえる。しかしながら、たとえ男女の自由な関係を説くような時代にあっても、ポルタリスの指摘した婚姻観は、多くの人びとが理想として求めるものであることには相違なかろう。例外的な事態に関心が移る時代にあっても、またポルタリスの描くような考え方に対抗するにしろ、彼の説明

は婚姻を法的に考えるうえで、今なお中心となる考え方であろう。(2)

婚姻外の関係の多様化

家庭的共同生活を営み、子の養育、生産と消費の経済的な機能を果たす「愛が守られている」といえる婚姻に対して、今日では、たとえば、夫婦としての意識はあるが、ただ届出を出していないにすぎない二人もいる。また、二人にとって、互いに拘束されないことが大切だからという理由で、婚姻届を出さないで共同生活する人もいよう。後者になれば、互いに拘束されあうという意味の法的な婚姻とは離れる。さらに、性的な関係をまったく持たないという合意のもとで婚姻する二人も存在するかもしれないし、意図的に週末のみの共同生活を行う夫婦もいよう。食はともにするが別居という形も存在する。配偶者がいながら愛人関係を持ち続ける、いわゆる不貞な関係も存在する。離婚後の再婚、結婚しない人、同性で夫婦の関係を築こうとする人も社会の現実として存在している。なかには、性の転換を行う人も存在している。このように男女関係をめぐる価値観の多様化が明らかになってきている。

このような現在の中にあって、婚姻はほかを排斥し制限し、禁止するものではない。当事者がどのように生きるかは自由であり、法的にも禁止はされていない。ただ、どのような保護を法が与えるのか(また同時に与えないのか)が

(2) 星野英一東大名誉教授は、人工生殖も考慮にいれて、「かくて今日、性、愛、生殖、同棲は、分断可能となった。この見地からすると、法律制度である婚姻とはそれらを統合するという大きな意味を持つことが明らかになろう」と指摘する。意味深い定義である(星野英一・家族法(一九四四年)四八頁)。

問題である。

[i] **内縁と自由結合**　男女が婚姻届を出さずに共同生活を始めることは珍しい現象ではない。このような関係は昔から存在している。わが国では、このような当事者間で婚姻の意思があり夫婦共同生活をしている関係を内縁と呼び、婚姻に準じた関係として、婚姻のような保護を与えてきた。このような男女関係にある者の間で、一方的に関係の破棄がなされた場合（不当破棄の問題）、相手方の保護が図られている。そのほか、たとえば、貞操義務[3]、第三者との関係で日常家事債務の連帯責任[4]など、婚姻に準じたものとして考えていくという姿勢がうまれた。

ところが現在では、かつての内縁の発生原因であった、届出の制度の存在の無知や、家制度のために婚姻できないという制約[5]がなくなった。むしろ、当事者の意思に従い、好んで選択されている点に特徴がある。このような当事者は、二人の関係は婚姻ではないと意識している。また、なかには別れやすいのでこのような関係を選択したという者もいよう。これらの人々にとって、婚姻に準じさせた効果は、本来望まなかった効果（破棄に対する責任など）まで与えてしまうことになりかねない。

しかしながら、ヨーロッパ諸国と比較すれば、いわゆる婚姻の意思を持たな

（3）夫婦は互に貞操義務がある。その義務違反は離婚原因になる。

（4）夫婦の一方が日常家事に関して第三者と法律行為（たとえば契約）をしたときは、連帯してその責任を負う。民法七六一条が規定する。

（5）たとえば、法定推定家督相続人は他家に入ることはできなかった。

いで、法的な拘束の少ない共同生活の方法を選択するカップルは少ない。むしろ氏の問題など婚姻制度の改革により解決されるべき問題が足かせになり、婚姻関係に入れないカップルが比較的多いと指摘されている。そこでは、実は「新しい婚姻」が求められている。(6)欧米型の拘束性の少ない同棲、自由結合は、まだわが国では多くはないともいえるが、増加の傾向をうかがうことはできる。最近の男女関係の多様性に対応すべき関係を、法的にどのように考えていくかは困難な問題となる。

このような関係にある者の間には、二人の独立した主体が、存在しているにすぎず、婚姻は存在していない。二人の間には、婚姻にみられるような、貞操義務はなく、将来に向かって同居・協力・扶助義務(7)もない。貞操義務は当事者で定めていても、強制できず、また不履行の責任を問うこともできない。だから、同棲カップルの相手方の愛人は、同棲のカップルに対して不法行為責任を負うことはない。結局どのような内容を契約で定めていても、婚姻のような二人の関係を存続させるような保障はなく、契約関係からの離脱は自由ということになる。(8)

財産関係は少なくとも、財産法上の理論(たとえば共有理論)を用いて個々に判断することになる。(9)

社会保障は、事実上の生活を根拠に認められる可能性があり、内縁と同様に

(6) 大村敦志・家族法(一九九九年)二三〇頁参照。フランスでは最近、事実上のカップルである自由結合関係の定義に関して、民法五一五条の八が設けられた。

(7) 夫婦は同居し、互に協力し扶助しなければならない。民法七五二条が規定する。

(8) 解消が自由だから、それが違法性や故意・過失を構成することはなく、不法行為が成立することはない。自由に関係を形成し、解消できることに特徴があり、不法行為によって保護すべき法益は原則としてない。ただ、破棄の状況

考えることができよう。相手方の事故死の場合にも、固有の権利構成で、損害賠償請求が可能である。住居の保護も、内縁と同様に、借地借家法などの規定や共有理論などで可能である。

このように、自由結合では、個々の事例ごとに契約の理論などで関係を考えることになる。ただ、その合意はどこまで可能かは重要な問題として残されている。このような合意は、将来はまったく不明である点に特徴がある。つまり、将来にわたり二人を拘束するというものではないのである。父子関係、相続、別れを念頭におけばこのことは明らかになろう。つまり、詩的な表現ではあるが、二人の愛情のみが二人を拘束させている関係であるともいえよう。

[ii] 性転換　かつて、わが国では、性転換に対して否定的な裁判例が主流であった[10]。

最近、性同一性障害という病の治療として、性転換手術が行われるようになった。一九九八年埼玉医科大学で公に行われた性転換手術は新聞でも大きく報道された。性転換の結果、性別表記の変更を求めたり、名の変更を求めたりするために、戸籍の訂正が問題になる。名の変更は戸籍法第一〇七条の二にもとづき行うことになろう。

性別の変更は困難な問題を抱えている（戸籍法第一一三条は「戸籍の記載が法

などから、一般法に従い、相手方に不法行為責任を負う場合はありうる。いったん共同生活をした以上、相手方の生活を脅かすことのないように、関係の解消に当たっては、自立できるまでは生活の補償の問題が起こる可能性がある。大村敦志・家族法（一九九九年）二一七頁以下参照。

（9）財産関係は契約による。共有とか組合類似の契約や委任などにもとづき、個々の事例で決定したり、もしくはより包括的に、事前に婚姻費用の分担額を決めておくことなどが可能である。明確な合意のない場合は、組合法理などで考えることも可能であろう。大村・前掲書二二三頁以下参照。

（10）たとえば、優生保護法違反で医師が有罪とされた事例（東京地判昭和四四年二月一五日判時五五一号二六頁、東京高判昭和四五年一一月一一日高刑集二三巻四号七五九頁）や、本文でも述べている性転換手術を受けた者の戸籍訂正の申立を退けている決定（名古屋高決昭和五四年一一月八日家月三三巻九号六一頁）がある。

律上許されないものであること又はその記載に錯誤若しくは遺漏のあること」を訂正の理由にしている)。この問題に関して、興味深い二つの高裁決定がある。その一つは、出生時に男性として届けられたが、もともと外形状性別がよくわからないいわゆる間性(半陰陽)であり、成長するにつれ、女性の特徴が顕著になり、男性から女性に性転換手術を受け、戸籍の訂正を求めた事例である。外形的、性格的に女性化したとしても、人間の性別は性染色体で決定されるべきであるとして、染色体が男性であるからという理由で、戸籍の訂正を認めなかった。(11)これに対して、別の高裁決定では、間性(半陰陽)の新生児の事例で、染色体は男性であったにもかかわらず、それにとらわれることなく、性を判断し、戸籍の記載を二男から長女に訂正することを許可した。(12)外科的修復の可能性、新生児にとっていずれがより幸福かという観点も加えて、諸事情にもとづいて、判断している点が興味深い。

今後、性同一性障害の治療としての性転換に関しても、染色体にこだわらないで判断されるようになると推測されるが、性同一性障害者の性転換による戸籍上の表記の訂正は、現在まで裁判上認められていない。(13)

戸籍の変更は第三者に与える影響は大きく、たとえば、子のいる既婚者であれば、子は場合によっては、母親を二人持つことになってしまうおそれもあり、また、妻にしてみれば、ある日から同性婚になってしまうことになる。さらに

(11) 名古屋高決昭和五四二月八日家月三三巻九号六一頁。
(12) 札幌高決平成三年三月一三日家月四三巻八号四八頁。
(13) 東京高決平成一二年二月九日判時一七一八号六二頁など。

婚姻しようとする相手方は、事実を知りうるのであろうか。必要とされる条件の探究は多く残されているが、少なくとも、「性同一性障害の治療のために行われた」という条件と、法的な観点からは、「婚姻していないこと」という条件は求められるといえよう。

フランスの破毀院(14)は、性同一性障害者の出生証書の性別標記の変更に関して、ながらく拒否の態度をとっていたが、一九九二年三月二五日のヨーロッパ人権裁判所によって欧州人権保護条約違反という判決が下され、一九九二年に破毀院大法廷判決によって、性別表記の変更を認めるに至った(15)。

将来わが国も、性同一性障害者の権利保護のために、ヨーロッパの潮流に乗ることになると推測される。このようになれば、病への対応という側面で、法律上の性別は、生物学上の性別（DNA）とは異なることもありうることになる。親子関係が生物学上のものとは異なる可能性があるのと類似し、興味ある傾向を示すことになる。

フランス破毀院

［iii］**同性婚**　わが国では、同性婚は不可能である。婚姻外の関係を、準婚とする内縁であれば、これも不可能であろう。しかし、互いを拘束し合わな

（14）わが国では最高裁判所にあたる。

（15）Cass. Ass. Plèn., 11 décembre 1992, JCP 1993, 2, 21991, note G.Mémeteau, Bull. civ. n.13. F. Terré et D. Fenouillet, Droit civil, Les personnes, la famille, les incapacités, 6e éd., n. 151, 1996.

い、いわゆる欧米型の自由結合関係に関して将来は認められていく可能性があると思われる。現在は、まず自由結合そのものが問題になる段階である。

婚姻に重要な法的価値を認めているフランスでも、同性の婚姻は不可能である。自由結合の関係でも、永らく判例は否定していた。しかしながら最近、フランスで、婚姻とは異なるが、契約つまり連帯にもとづく民事契約（パックス）[16]を締結すれば、同性でも夫婦のような関係が形成されうることになった。

［iv］パックス　男女関係の法律に関して、フランス法は伝統的に婚姻という制度を中心に据えている。しかし法的な拘束性などを嫌い、より自由に男女が事実上生活を行うことも、最近では非常に多く見られる。法は、今までこのような関係を原則として保護外におき、例外的な場合に限り保護を与えてきた。いわゆる自由結合の問題である。後者は公認の結合を欲さずに自由であるがゆえに、法も原則として保護を与えない主義であった。[17]フランスでは現在五〇〇万人ほどの自由結合関係にあるカップルがいるといわれている。そしてまた、出生する子の四〇％は自由結合関係のカップルから生まれているといわれている。

ところが、国中を議論の渦に巻き込み、賛否両論が相対立する中で、フランスは、一九九九年一一月一五日の法律によって、契約にもとづきパートナーの関係（同性も含めて）を創設する「パックス」（連帯にもとづく民事契約）を有

（16）pacte civil de solidaritéのこと。略して、pacsとよばれている。同性の自由結合の可能性をも認める自由結合に関する民五一五の八が一九九九年に設けられた。

（17）徐々に共同生活そのものに関連する分野で、婚姻のような義務が判例上認められている傾向があるが、貞操義務など婚姻に本質的な義務は当事者間にはない。

するに至った。以後、フランスには、婚姻、パックス、自由結合という三つの制度が存在することになった[18]。

パックスは、二人が共同生活を営むことを認め合う契約である。二人には、異性のみならず同性の関係も含まれている。ただし、血縁の関係によっては（父母と子など）締結できない者がいる。

パックスにおいて異なった取り決めをする場合を除き、パックス締結後購入した財産はすべて、それぞれ持分二分の一の共有になる。

このようにして、共有になっている財産は、パートナーが別れるときや、一方が死亡した際に清算がなされる。死亡の際には、相続権はなく、亡くなったパートナーの相続人と生存パートナーとの間で清算が行われる。契約で特に定めていない限り、パートナー間で共有持分は二分の一とされているので、清算は困難ではない。パックスを締結していない自由結合関係者であれば、共有として購入した場合を除き、財産はそれぞれが購入した者の単独の所有に属することになる。

また、相互的かつ物質的な援助の義務がある。パートナーは、互いに物質的な援助をしなければならないことになっている。経済的な援助である。そして、その内容の具体的なことはパックスで定めることができる。

さらに、日常家事債務に関する連帯責任が法律的な義務として課せられてい

（18）フランス民法典にパックスに関して、五一五条の一から五一五条の七が追加された。自由結合に関して民五一五の八が設けられた。

る。日常生活に要する費用（たとえば、住居費、生活費、衣服代、医療費、娯楽費、子の養育費と教育費など）の分担も、婚姻と同じようになされる。

ところで、婚姻では共同生活が義務づけられているが、パックスではそれが義務でなく、条文のうえでは、ただ単に、「共同生活を組織するために」パックスを締結するという表現になっているにすぎない。

パックスは婚姻関係と異なり、ふむべき手続はあるものの、いつでも自由に契約を破棄し、関係を解消することができる。また共同生活が何年か継続しているのに、パートナーの一方が突然、一方的に破棄を行った場合などに、フォート（過失）を根拠に損害賠償が言い渡される可能性もある。このような請求権が発生しないという内容を、当事者がパックスにおいて定めていたとしても、それは書かれていないものと扱われる。

以上のことから、当事者の合意によってパートナーの関係を形成しうるとはいうものの、当事者の合意の及ばない点が多々あることが確認できる。あたかも婚姻の規定のような権利義務が定められている。契約による自由な関係とはいうものの、そこには自ずと秩序があることが理解できる。法は最小限の保護のみを付与し、原則として放置しておくという態度をとる自由結合との相違であるといえる。

フランス法がこのように、同性婚を婚姻制度の中に組み込まなかった点は興味深い。この二人の関係を準婚ともしなかったのである。婚姻というのは伝統的な男女の関係で、法の定めた定型、つまり秩序であるという意識が強いからだと思われる。婚姻の考えとは相容れない、同性婚という社会的な事実を法的に受け入れるためには、婚姻の概念の外に新たな概念を、フランス法は必要としたのである。それがパックスである。それはまた、法的な婚姻に対する深い思い入れに対応するものであるといえよう。[19] わが国では、婚姻に対してこのような、宗教的な信仰ともいえる価値観はなく、この核となるものを見失いがちである。西欧諸国とくにカトリックの国々では、婚姻の秩序という意識は法にも反映している。「二人の関係」の多様性をどのように法に反映するかが混迷を深める現在にあって、フランス法の経験から学ぶことは多い。

フランス法は、当事者の意思によっては変更できないという核になる最低限の「共同生活の秩序」をパートナーの関係に関する法律にも実現している。パックスはこのようなことをわれわれに教えている。その核になる価値観とは何か。それは、財産的な平等観、共同生活を営むうえでの扶け合う義務（扶助義務）[20]、そして別れは自由ではあるが、いったん共同生活をした以上は何らかの責任を持つことなどを指摘することができよう。パックスは同性愛者のパートナーの関係をも目的としたものであると理解すれば、このような関係にも一種の法的「秩序」を与えようとしているともいえる。

（19）前掲注（1）参照。

（20）フランス民法五一五条の四が規定する相互的かつ物質的な援助の義務は、任意的なものではなくて、強行法規的な義務であると説明されている。

婚姻の中における多様化

婚姻関係の中にある二人でも、時代の流れの中にあって、女性の経済的な自立に伴う変化が見られる。

互いの給与の使い方を夫婦間で決めたり、貯蓄の方法や割合や、だれのものかをはっきりさせることも、二人の間では例外的なものではなくなりつつある。法律的には、婚姻前に夫婦財産契約を締結して、二人の財産関係を決めて登記しておくのが、民法上規定された方法である。ところが、このような正式な契約をしていなくても、当事者間での約束は法的に尊重されるべきではないかと主張されはじめた。傾聴に値する見解であり、今後このような夫婦の約束が重要な意味を持ちはじめると思われる[21]。

財産的な問題のみならず、夫婦の義務に関してもまた、夫婦間の合意が問題になりうる。法律上の婚姻の中で、生き方の多様性を求めるのである。これは、たとえば同居しないで別居する「婚姻」、性的な関係を伴わない約束のもとの「婚姻」、浮気の自由を認め合った「婚姻」、週末のみの「婚姻」、期限を定めた「婚姻」など、法律上の婚姻の義務とは異なる内容を約束することがありうる。また、普通は想定できないが、互いに助け合わない約束で婚姻することもあるかもしれない。別れる自由を約束しあったり、別れるときには何も請求しない

(21) ＡＥＲＡの二〇〇〇年七月一七日号では、「共働き夫婦　妻が上手」という記事がある。
道垣内弘人「夫婦財産契約・婚姻費用の分担―条文解釈学として」判例タイムズ九九四号三二頁参照。

という約束を交わしたうえでの婚姻もありうる。このような約束が、当事者間で任意に履行されることはあるかもしれない。しかし、このような約束は法律の示す婚姻の本質に反し、法的には意味を持たないであろう。裁判で履行を求めることも、また不履行に際して責任を追及することもできないであろう。

このように考えれば、婚姻関係にある者にとって、合意の及ばない領域があることが理解できよう。二人の間での約束は、二人の間のみのものであり、法的な観点からは、法の求めるいわゆる婚姻秩序が実現される領域がある。いくら当事者間で約束をしたとしても、婚姻関係にある以上は、法律が定める定型としての婚姻に従うのである。当事者の意思の占める役割が重要視されつつあることは否定できないが、同居・協力・扶助義務、貞操義務は婚姻の本質となる。互いの生活を支えあい、身上の世話までを含む義務であるといえよう。別れに際しては、互いに責任を負うことも、二人の約束で変更しえない婚姻の本質であろう。

財産関係の帰属に関しては、夫婦財産契約を利用しやすい形にすることが課題であるが、当事者の約束は、法的に有効と考えることも可能であろう。しかし現行法のもとでは、財産的な平等の意識が薄く、またそれが確立されていない以上、財産関係の清算をなす必要性があり、困難な問題をひき起こす。財産の最低限のところは、互いの扶養とも関連し、合意では変更できない要素がある。

婚姻には、互いの合意で変更できない、核になるものが存在している。しかしながら、現在、価値の多様性の時代にあって、それ自体が揺れ動きはじめている。西欧の婚姻制度を受け入れたわが民法は、技術的なものとして法律を考えていたと思われるが、実は婚姻制度は、伝統的な西欧の思想の根幹をなす制度の反映でもあることを知るべきであろう。婚姻制度の核となるものを知ったうえで、初めて男女関係に関して他を排斥しない価値多様性の時代が理解できる。

二　配偶者の経済的自立
――配偶者の家庭内でのサービスは無償か？

夫婦の財産関係の帰属について、専業主婦の場合を想定して考えれば、その特徴がもっともよく理解できる。夫が稼いできた給料をもとに生活をして、残ったお金で貯蓄をし、財産が形成されていったとする。いったい、この財産は誰のものになるのだろうか。また給料それ自体は誰のものなのかについて考えてみよう。

戦前の旧法時代は、妻が婚姻の際に持ってきた財産や婚姻中取得した財産は特有財産であるとし、妻の所有であるが、管理権は夫にあった。また妻は、子と同じく一人では契約などはできない無能力者であったので、自分自身で財産

かに夫に従属していたといえる。を処分することはできず、夫の同意が必要であった。夫婦財産に関して、明らかに夫に従属していたといえる。

別産別管理制

現行民法のもとでは、別産別管理制がとられている。[22]それぞれの財産は自ら管理し、自由に処分しうる。また、別産制であるから、いわゆる自分で稼いだものはその人のものであり、自分で得た財産はその人のものであるということになる。きわめて個人主義的な考え方である。ヨーロッパ社会では、たとえば、夫が実業家、妻が芸術家であるとか、夫婦それぞれが経済的に自立している場合に、わざわざ夫婦財産契約として採られる制度を、わが国の民法は専業主婦型の多い一般の夫婦の法定財産関係に採用している。

民法第七六二条は以下のように規定している。第一項「夫婦の一方が婚姻前から有する財産及び婚姻中自己の名で得た財産は、その特有財産とする」。そして第二項で、「夫婦のいずれに属するか明らかでない財産は、その共有に属するものと推定する」となっている。つまり、条文の上では、婚姻前にその人の財産であったものは、婚姻後もその人のものである。婚姻中にもらったり、稼いだものはその稼いだ人のものである。誰のかわからない財産は共有である。この三種類の財産の帰属を、民法典は定めている。

（22）民法七六二条。

夫は給料を夫婦の共有名義ではなくて、夫の名義で取得する。つまり、条文のうえでは夫のものであることになる。判例に従えば、妻にはいろいろな請求権や相続権があるので、別産別管理制は夫婦の平等に反しないということになる。(23) わが国では、離婚、相続に際して、一方配偶者から他方配偶者へ財産の移転がなされる。離婚に際しては財産分与請求権、死亡に際して相続権、また婚姻中は扶養請求権があり、配偶者の権利は確保されていると判例は考えている。

このような制度のもとでは、妻は、社会一般の意識とはかけ離れ、夫の給料に対して、無一文の状態である。そこで、妻は家庭内でただ働きをしているのではないか、そうでないとしたら、専業主婦の家事労働をどう評価するかという問題が生じてくる。民法の条文で、別産別管理制を採用している以上、財産の帰属に関して、妻の家事労働を評価するにはかなりの解釈上の努力をしなければならない。夫の稼いだものは夫のもの、妻が稼いだものは妻のものという考え方が、別産制の起源になっている限り、そのお金で買ったものを相手方配偶者のものとか、または夫婦の共有であるというには、理論的にはどうしても無理が生じ、曖昧な内助の功とか家事労働の評価という概念を必要とし、日本の夫婦財産制をいっそう分かりにくいものにしている。

判例が述べるように、離婚や相続のときにそれぞれ権利があるということも重要であるが、日常生活が平和に営まれている時にどのように考えるかがより

(23) この問題に関して判例がある。妻の協力があって得られた所得であるとして妻と折半して確定申告した事例で、それが税務署で認められず、民法七六二条一項及びそれにもとづく課税は憲法二四条に違反すると主張して争われた。最高裁は、本文で述べた理由により、調整されているとして、憲法違反でないと判示している(最高裁大法廷判昭和三六年九月六日民集一五巻八号二〇四七頁)。

重要な問題であると考える。別産別管理制のもとで、夫の稼いだものはすべて夫のものであるという原則論が夫婦財産の根底にある限り、配偶者はつねに経済的に夫に依存しているといえる。平常時は、誰のものといわずにそのままにしておくというのであれば、平常時は完全に「ただ働き」をしているに等しいと思われる。家で妻が作ってくれたコーヒーは、わが国では、「ただ」なのである。家事労働が、積極的に評価されることなく、つねに、相続、離婚の場面で問題になるにすぎない。

平和時に見られるこの種の曖昧さは、わが国の法律（とくに家族法）の特徴でもある。このようなことがらは、ほかにも身の回りの世話を伴う扶養の領域でもうかがわれ、法律関係を複雑にする一因になっている。[24]

わが国では、相続に際して夫婦の財産の清算が行われることなく、夫から妻へ（または妻から夫へ）相続財産が移転していくのが現状である。また離婚に際しては、一般的に妻から夫へ財産の分与を請求することになる。通常時の夫婦の財産関係が明瞭であれば、たとえば共有であれば、離婚や死亡に際して、妻は夫からもらうのではなくて、自分の財産として取得することが可能になる。この意味の差は大きい。

（24）第三部参照。

共有制

男女の関係が変化している現在、共同生活を営むうえでの経済的な衡平さの実現は、重要な問題になる。何よりも、平和な時の経済的な自立の実現は、重要になってくると思われる。曖昧な、内助の功を評価するという考え方ではなくて、何らかの共有を認める理論が今後ますます必要になってくるのではないか。このことにより、平和時の夫婦に、ある種の経済的な自立を実現し、離婚時の財産の清算に、明瞭さを与えることが可能となる。

ちなみにフランス法では、夫婦財産契約を締結していない限り、生活後に残った財産で購入した土地など財産は共有である。もしも、相続になれば、配偶者は、夫婦の財産の清算として、半分を自分の物として取得する。夫の残してくれた財産をありがたく頂くのではない。また離婚になれば、これも、自分の物であるので清算することになる。夫に対して、分け与えよ（下さい）と請求するのではない。あたかも引き出しにある自分の物を持ち出すのに等しい。

平和な時に、共有の考え方を持つことは、経済的な自立の考えにも関係する。経済的に従属するのではないという、法的な解決方法は、夫婦間の態度に影響を与える。このような国では、一杯のコーヒーは、無償ではないのである。家事労働が、積極的に評価されているといえる。つまりフランス法のもとでは、できる限り経済的に衡平にしたうえで、婚姻生活が営まれているのである。

第二章　親の生き方の多様性が親子の関係にどのような影響を与えるのか？

親同士の関係が多様化する中にあって、親と子の関係も多様化している。父母が婚姻しているいわゆる嫡出子もいれば、父母が婚姻していない非嫡出子もいる。なかには認知されないで、法的な父子関係がない親と子もいる。また、親が離婚することもあり、離婚して再婚する場合もある。このような中で、親と子の関係は複雑になっていく。

以下では、親と子の関係はいったいどのようなものなのかをまず検討する。その後で、親の離婚、再婚などが、子にどのような影響を与えているのか、法的な観点から分析することにする。

一　親から未成年の子への関係

親権

親は未成年の子に対して義務を負う（ほかから原則として干渉されないという意味では権利）。成年に達しない子は、父母の親権に服する。[1] すでに働いて経

（1）民法八一八条一項。

済的に自立し、親から独立していようが、未成年者であれば親権に服する。

子は、幼いときには、おんぶしてもらい、食べ物を食べさせてもらう。親は子のおしめの交換もし、服を着替えさせたりもする。病になれば親は心配し医者に見せ、看病する。子が悪いことをすれば、親は子を叱る。

伊藤小坡『ふたば』1918年
（三重県立美術館所蔵）

また、子どもに貯金や財産があっても、子は経験が浅くお金に関して使い方が不慣れであるため、親はそれを管理する。時には、子の欲しいものや子の必需品を、子の財産から買ってやることもあろう（財産管理権と代理権）[2]。子が成長すれば一人で売買をするようになるが、親は未成年の子を守る必要上、同意を与えることになる[3]。

このように、日常生活を見れば、親が子のためになしている行為は多い。親が未成年の子に対してなす行為は、主として金銭的なものと身の回りの世話からなる。親権者である以上は、子を経済的、精神的、肉体的に見なければならないのである。教育も重要な義務である[4]。

親権は、かつては子を支配する権利であったが、現在では、その義務性が重

（2）民法八二四条。

（3）民法四条。

（4）また、親は子に対して、どこに住むべきか指定することもできる。これを居所指定権という（民法八二一条）。親と同居させてもよいし、寮に入れてもよい。さらに、

要視されている。子を守り、自らの手を汚して育てる義務である。この親権の意味は、わが国では理解されにくい。わが国の理解と西欧とくにフランスの理解とは少々異なる。

西欧諸国では、未成年の子の教育、扶養に関しては、最近は、無償の愛の意識が強い。あたかも鳥が子に餌を運び、育て、飛びかたを教え、巣立ちを見守るような印象を、未成年の子の教育、扶養に見る。代償なき一方的な行為である。育てたから、将来何かを子に期待するということは皆無ではないにしろ、薄い印象を持つ。この点、子を育ててもらった恩返しの思想が見られる中国やわが国の事情とは異なる。親から子への義務はまさに一方的なものであり、親にとっては、厳しい内容のものであるといえる。子から親は育ててくれたという恩による感情ではなくて、そこにあるのは親子の愛情であると答えるフランスの友人は多い。

このことが、第三部で述べる、相続における子の平等の精神に反映していくのである。親子関係が複雑化しつつある現在、見返りの期待は、わが国では、裏切りと不満足を生み、争いの原因になることが多い[5]。

親権の制限

かつては、世界の多くの国々で、親族一同が近くに住んでいたり、同居する

子の教育、しつけにあたって、子を懲戒する権利がある（懲戒権〔民法八二二条〕）。子の成長に応じ、口頭で叱ったり、小遣いをストップしたり、また場合によっては体罰もありうる。

(5) 大村敦志・家族法（一九九九年）二三七頁では、成年に達した子への援助（扶養）、とくに高等教育を受けさせることを、親子間の贈与としてとらえることの可能性を示している。このように親権者でなくなった後の関係を、契約でとらえるのは、関係を明瞭化するうえで、重要な作業となろう。

形態が珍しくなかった。祖父母や叔父叔母がすぐ近くにいた。ところが、社会の変化、都市化に加えて仕事の関係で離れて住むことを余儀なくされていき、その結果、夫婦と未成熟子からなる核家族が、典型的な存在になっていったといわれている。家庭内で困ったことがあれば、誰かが登場し、アドバイスをしていた関係が薄れ、そして消えつつあることをわれわれは実感している。現在では、夫婦のけんかから子の育て方、叱り方、親子間の葛藤まで、相談する相手もあまりなく、それらは二人もしくは親子間の密室の問題なのである。社会の変化はわれわれをかつての大家族に戻すことをもはや不可能にしている。無理にそれを実現しようとすれば、軋轢が生じるおそれがある。

このような事情にあるのか、親権の行使による極端な事例が目につくようになってきている。つまり、親権が濫用される場合である。親権は、きわめてプライベートなものではあるが、その行使には、子の福祉という観点から、自ずと限界があることを知るべき時代になってきた。子は、親の所有物ではなく、神からの預かり物であるという思想が西欧ではあると聞く。育てて預かり物をお返しするという意味が含まれている。このような観点からは、子は、親の元で生活しているが、社会的な存在でもある。子の福祉が犠牲にさらされる場合には親権は制限されるのは、もとより当然であるといえる。(6)

度を越した懲戒は親権の濫用となりうる。(7) 親権はきわめて私的なものでもあ

(6) 一九九四年五月二二日にわが国でも効力が発生した児童の権利に関する条約九条一項は以下のように規定してる。「締結国は、児童がその父母の意思に反してその父母から分離されないことを確保する。ただし、権限のある当局が司

り、密室の中で子のためにならぬことが行われる可能性を否定できない（暴力、放置など）。このような親の子に対する監護教育が著しく不適切な場合には、児童相談所など公の関与がありうるし、場合によっては親権の喪失の可能性もある。[8]

[i] **虐待**　子の虐待は、最近多く報道されている。子を守るという意味で、親権の行使が制限されることがあるという考え方が、次第に主流になってきている。児童の虐待では、発見し、通告し、調査、保護、治療という過程が必要になってくるといわれている。二〇〇〇年五月に、児童虐待の防止等に関する法律が施行された。このような場合には、学校の教職員、児童福祉施設の職員、医師、保健婦、弁護士その他の児童福祉に職務上の関係のある者に、早期発見の努力義務を課し、速やかな通告を義務とした。[9] そして児童相談所による子の保護が図られる。場合によっては、家庭裁判所によって親権の喪失の宣告がなされ、親権が剥奪されることになる。[10] ただし、児童虐待の防止等に関する法律には、法的整合性のうえで将来に問題が残されている。[11]

[ii] **不適当な命名**　命名に関して、「悪魔」という名を子に付けることの妥当性をめぐって問題になったことがある。[12] 親の命名権は原則として自由であり、

法の審査に従うことを条件として適用のある法律及び手続に従いその分離が児童の最善の利益のために必要であると決定する場合は、この限りでない。このような決定は、父母が児童を虐待し若しくは放置する場合又は父母が別居しており児童の居住地を決定しなければならない場合のような特定の場合において必要となることがある」。児童の最善の利益のためには、親から分離される可能性を示している。

（7）札幌高函館支判昭和二八年二月一八日高刑集六巻一号一二八頁。

（8）民法八三四条参照。

（9）児童虐待の防止等に関する法律五条、六条一項参照。ただし、罰則を設けて通告を強制させることはしていない。

（10）民法八三四条参照。

（11）児童虐待に関して、ジュリスト一一八八号二頁以下で「児童虐待の実態と法的対応」と題して特集が組まれ、興味深い論文が収録されている。

（12）東京家八王子支審平成六年一月三一日判時一四八六号五六頁。

市長村長の命名についての審査権も形式的審査の範囲にとどまるが、「例外的には、親権（命名権）の濫用に亙るような場合や社会通念上、明らかに名として不適当と見られるとき、一般常識から著しく逸脱しているとき、又は、名の持つ本来の機能を著しく損なうような場合には、戸籍事務管掌者（当該市長村長）においてその審査権を発動し、ときには名の受理を拒否することも許される」と裁判所は述べた。そして、悪魔という名は戸籍法に反する違法な名であり本来受理されないものであるが、いったん受理しておきながら悪魔という名を抹消したのは違法だと判断した。

この審判によれば、命名は本来自由であるが、子の福祉に反する場合には公の介入がありうることになる。

[iii]医療行為の承諾　子の医療行為に対する承諾の問題も現在のデリケートな問題である。(13)

子が未成年者であり、親がたとえば輸血を拒否している場合は輸血できないのだろうか。未成年者の子の妊娠中絶手術を、子の意見を聞かず親の承諾のみで行うのは可能なのか。いずれの場合でも、子の意思を無視することはできない。しかし、子が妥当な決定をしたかどうか、また、子への治療行為に対する親の承諾が妥当かどうか、判断は困難である。医療行為への承諾は、子の命の

(13) 子が治療行為を受ける際の判断は、親が医師の説明を聞き、子に代わって行うことが多い。その根拠を親権に求めるのが一般的である。ただ、親権の中で、本来子がすべき行為を親が子に代わって行うという「代理行使」（財産関係はこれが中心）か、それとも子の身の回りの世話をするという意味の「監護」にあたるのかで考え方は分かれる。子の治療行為に対す

問題である以上、親の判断のみで決定できないように思われる。判断にある程度の社会的妥当性は必要である。その判断には、医師も、子に対して職業的義務を負っているといえよう。困難な問題の一つである。

以上のほかにも、親の宗教的な信仰のために、子の福祉が脅かされることもありうる。このように考えてくると、親権の行使は、まったくの自由ではなく、子の保護、子の福祉のために自ずと限度があることが明らかになる。現在は、子を濫用的な親権行使から守る理論が前面に現れつつあるといえる。本来私的な領域に、法が介入することになるので、その手続など、解決すべき困難な問題が残されている。

二　離婚後の子との関係

親と子の関係

［i］共同親権　離婚は当事者たる親だけの問題にとどまるものではない。未成年の子にも大きな影響を与える。そもそも、親の離婚に際して、親権者が一人になってしまう。西欧諸国では、離婚後も父母が共同して親権を行使することが行われているが、わが国では実現していない。このように、離婚後も父母

る意見表明、自己決定権を考慮しやすいのは後者の理論であろう。

は子に対して変わらず親権者であるということは、できる限り親の問題が子に影響を与えないようにという配慮から生まれたものである。[14] フランスでは現在、離婚にあたって共同親権が原則になっている。[15]

共同親権を実現するのは、実際には容易なことではない。別れるにあたって、二人が感情的にもつれ、互いに憎しみ合っているようでは、相手方の家で子が生活することに耐えることができなくなってしまうからである。このような状態では、子の教育に際して二人が話し合ったり協力し合うこともできない。子に対して、親の一方が他方の悪口をいうようなことがあれば、子はその他方に対して心を閉ざしてしまうであろう。現在フランスでは、感情のもつれをできる限り少なくして、子のために話し合いの持てる状態で離婚することが求められている。破綻を原因とする、静かな別れの意義は、子のための共同親権を実現するためという点にもある。つまり、子の立場からすれば、親の離婚によって両親が別居するだけであって、ほかは変わりない状況を法的に作り出そうとしているといえる。

離婚は、婚姻と同じように、現代においてまったく通常の出来事のように思われる。男女が別れるということそれ自体の問題ではもはやなくなった。いまや離婚後の生活、とくに子との間で、可能な限り今まで通りの生活を維持できるようにするにはどうすべきかということに問題の重点が移されつつあるとい

(14) 子の父母が法的な婚姻関係にない場合には、その子は、わが国の民法のもとでは非嫡出子となる。現行法のもとでは母親が自動的に親権者になり、単独で親権を行使する。父親は認知をすれば、親権者となる可能性ができるが、当然には親権者にはならない。父を親権者と定めた場合に限り、父が単独で親権者になる（民法八一九条四項）。

子にはできる限り法的な父母がいるというフランス型の「子の利益」を考慮すれば、非嫡出子に共同親権の可能性がないのは問題である。

(15) フランス民法三七三条の二、二八七条、三七二条参照。

える。言いかえれば、いったん婚姻として共同生活をはじめた以上、もはやもとの完璧な他人にはなれない時代であるともいえる。

［ii］複合家族　フランスでは婚姻にいたるケースが比較的少なく、自由結合、パックスなどの婚姻外の関係も多い。これらも含めて考えれば、出会い、共同生活をし、別れることは多い。出会いと同じだけの別れがあるともいえよう。このような社会では、子との関係で、家族はやや複雑な様相を呈することがある。

たとえばヴァカンスのとき、父親と一緒に休暇を過ごすために、離婚した前妻との間の子が、父親の別荘に訪ねてくる。そこには、再婚した妻との間に生まれた子もいる。母の異なる子が一緒に一時期生活をともにするのである。父にとっては、いずれも同じく自分の子である。前妻の方も再婚している場合や自由結合関係を行っている場合がある。また、再婚した妻と前の夫との間の子が母親に会いに、母親の今の夫の別荘に訪ねてきて、生活をともにすることがある。さらに、別れた前の妻や夫が、子を迎えに来ることもある。これらの者全員が食事することもある。さらに複雑なのは、子が高校生にでもなれば、異性の友達をつれてきて、部屋で一緒に一時期過ごすこともありうる。それぞれの人の価値観がほかを排斥するようなものであれば、とても同じ家で生活していけない雰囲気である。ヴァカンスの時を例にしたが、これがいわゆる「複合家族」と呼ばれているものの一つの姿である。

また、子の祝い事や、学校の行事の際に、別れた夫婦が子のために一緒に参加することが往々にしてある。子の結婚式のときには、別れた父と母が中心になる。

離婚率が上昇し、再婚や生き方の多様性が尊重される時代である現在の日本において、遅かれ早かれ複合家族の問題は避けては通れない。(16)

［iii］子の引渡請求　離婚後、わが国では単独親権になるので、親権の帰属や子の奪い合い（引渡請求）が問題になることが多い。かつては、取り合うことは少なかったが、最近は少子化傾向の影響か、離婚後も未成年の子を手元におき育てたいと思う親が増えている。その背景には、祖父母の孫に対する要求があるが、わが国では、このような祖父母の権利が認められていない。子の離婚によって孫に会えなくなる悲しみや、「何々家の子」という残存している家意識のために、実質上子を通して孫の引渡を求めることが多い。祖父母が孫に面会したり交流したりすることができる面接交渉権を何らかのかたちで認める必要性がある。

子の引渡請求は、別居中の夫婦や離婚と関連してなされることが多いが、ま

(16)　複合家族に関して、浅野素女・フランス家族事情（一九九五年）がある。

ったくの第三者に対してなされる場合もありうる。解決方法は、調停手続、民事訴訟法手続、家事審判法手続、人身保護法手続の四種類の解決方法が考えられるが、民法上は基準が定められておらず、困難な問題となっている。

離婚後も父母が共同で親権を行使することによって、この問題のいくらかは解決できるように思われる。離婚によって父もしくは母は一人になるという考え方を改める時ではなかろうか。現行民法のもとでは、少なくとも親権者にならなかった親の親権は、消えてしまったのではなくて、隠れているだけであると考えることも不可能ではない(17)。親としての義務は互いに継続するのである。子にとっては、かけがえのない父であり母である。

[.iv]面接交渉権　離婚後親権者にならなかった親のために、子に会う権利が次第に確立されつつある。いわゆる面接交渉権である。面接交渉権とは、離婚後、親権者にならなかった親や、現実に子を監護していない親が、未成年の子と直接会ったり、交渉を持ったりする権利をいう。世界の多くの国で立法により認められてきている。わが国も、一九六四年に面接交渉が審判で認められはじめ(18)、一九八四年に最高裁は(19)、「面接交渉は、子の監護に関する処分について定める民法七六六条一項または二項の解釈適用の問題である」としている(20)。これにより、面接交渉の法的な根拠が認められたといえる。審判例の中には、具

(17) 大村敦志・家族法（一九九九年）九七頁参照。

(18) 東京家審三九年一二月一四日家月一七巻四号五五頁。

(19) 最決昭和五九年七月六日家月三七巻五号三五頁。

(20) 家事審判法九条一項乙類四号参考。

体的に場所、日時、方法などを定める傾向がある。(21)

［v］兄弟の絆の権利

フランス法では、親の離婚に際して子の興味深い権利が認められている。兄弟は親の離婚にあたって、別れ別れにならず、ワンセットであるという権利である。いうなれば、兄弟の絆の権利ともいえる。民法典で、一九九六年に、原則として子は兄弟から引き離されてはならないと規定した。(22) フランスでは、共同親権が採用されているうえに、このような兄弟の権利まで定めている。わが国では、兄弟が別れ別れになることも珍しくなく、日本法にとって示唆が多い。

(21) また、親権者にならなかった親も、子との関係が法的に断たれてしまうわけではなく、養育費に関して義務を負う。

(22) フランス民法三七一条の五。

祖父母と孫の関係

すでに述べたように、フランスと比較すれば、わが国では、祖父母の権利が省みられることが少ないように思われる。たとえば子の離婚などで孫と別れ別れになってしまう場合に、祖父母本来の権利として孫に会う権利が考えられる。

現行法のもとでは、子が親権者にならず、孫が去って行けば、事実上祖父母は孫に会うことは難しい。が、フランスではこのようなときに、会うことができるというのである。フランス民法第三七一条の四第一項は以下のように規定する。「父母は、重大な理由がある場合を除き、子とその祖父母との人格的な交流を妨げることができない。当事者間に合意がない場合には、裁判所がその態様を定める」。

子の離婚によって孫に会えなくなってしまうというわが国の現実は、縁切りのような印象を与える。祖父母と孫の関係も、子の離婚によって受ける影響をなるべく少なくすべきではなかろうか。このように考えれば、孫に会うというのは祖父母の権利であるといえる。

離婚にあたって、子の取り合いが激しく夫婦で争われる背景には、孫に会えなくなる、孫がいなくなるという祖父母の危機感が潜んでいると思われる。わが国では、祖父母と孫の関係は無視されていることが多く、権利とさえ意識されていないのが現状である。

第三部

終わるとき

――助けを求める、残す――

第一章　一人では生きていけないとき——扶養の意味

つい最近までの人生五〇年の時代から今や八〇年の時代になっている。[1] 高齢化に伴い、介護を必要とする人が増え、社会的に大きな問題になっている。平均寿命が増加することは、親の扶養の期間を延ばし、しかも、介護する方も高齢になっているという状況を生じせしめている。

また、子自身の生活、仕事によっては、親元を離れなければならず、また同居するにしても、それにふさわしい住居の確保が経済的に困難になってきている。子の高齢化による体力の衰えの問題もありうる。このような伝統的な親の望みと、社会の変化や意識の変化[2]とのはざまで、家庭内に困難な問題が生じてきている。

扶養義務の内容

民法上、子の親に対する扶養は、親が経済的に「要扶養状態」になり、かつ義務者である子が「扶養可能状態」になければ発生しない。親子間で生活のレベルに差があっても問題にはならず、親の方で経済的に「要扶養状態」になっているということが必要である。金銭的には余裕があるが、介護が必要な場合

(1) 厚生労働省の二〇〇〇年の簡易生命表によれば、二〇〇〇年の平均寿命は、男性七七・六四歳、女性は八四・六二歳である。

(2) 老後を子に頼るという考えを持つ人は、一九五〇年には六〇%であったのが、一九九五年には二〇%になっている。また、子の意識として、老親扶養はあたりまえの義務であると思う人は、一九八六年に六〇%であったのが、一九九九年では約三〇%である（大村敦志・家族法二三七頁以下（一九九九年）からの引用）。人々の意識は確実に変化しているといえる。

には、民法にいわれる「要扶養状態」にあるとはいえないのである。

世間での「要扶養状態」のとらえ方とは異なり、民法上は、経済的な給付による扶養を想定している。戦前の旧法においても、親が自己の資産、労務で生活をすることができないときに、扶養義務者に扶養義務が発生するとして、経済的な状態を問題としていたことが条文の上から理解できる。(3)さらに、義務者は、引き取って扶養するか、金銭を給付するかを選択することができることになっていた。(4)つまり、引取扶養は義務ではなかったのである。本来、金銭給付が原則であるが、金銭的に余裕がない場合や金銭の給付は行いたくない場合に備えて、義務者の負担を軽減させるために引取扶養を認めていたのである。このような扶養義務の流れの中にあって、現行法は、引取扶養という言葉を削除した。これは、金銭給付が主たるものであるという考えにもとづくものであった。このように検討すれば、現行民法の基本的な考え方として、金銭給付が扶養義務の内容をなすものであるといえる。引取扶養は、当事者に合意のある場合に限られるのである。(5)

民法は、第八七七条で「直系血族及び兄弟姉妹は、互に扶養をする義務がある」と規定している。そして第二項で、特別の事情がある場合には、三親等内の親族間にも扶養義務を負わせている。夫婦間の扶養の義務が、第七五二条の規定する夫婦間の扶助義務であり、親から子の扶養が親権の内容（監護権）で

(3) 旧法九五九条一項。
(4) 旧法九六一条。
(5) 大村敦志・家族法（一九九九年）二四一頁参照。

ある。とすれば、第八七七条の扶養義務は、それ以外の場合ということになる。つまり、子から親、祖父母から孫、兄弟姉妹間が第八七七条一項の規定する代表的な事例である。

家庭裁判所は、三親等内の親族間においても、「特別の事情があるときは」、審判によって扶養の義務を負わせることができる。ここで想定できる典型的な事例は、叔父・叔母と甥・姪の関係（三親等の血族）のほかに、直系姻族関係である嫁としゅうと・しゅうとめの関係がある。とくに嫁としゅうと・しゅうとめは、互いに相続権がないこととも関連し、このように扶養義務に関しては例外的な位置づけであることに注意が必要である。世間で比較的よく見られる嫁が夫の親の面倒を見るということを、わが民法のもとでは、直接の義務とはしていないのである。嫁に法的な義務を負わせるには、家庭裁判所の審判が必要である。しかも、夫の死亡後は、妻は姻族関係を終了させれば、この義務からも免れることができる。

また、戦前の旧法の時代には、親は子や配偶者よりも先に扶養されるものとして位置づけられていた。[6] しかしながら、現行法では、そのような規定を設けず、当事者の協議や、家庭裁判所の審判に任せている。

（6）旧法九五五、九五七条。親を第一にという考え方は、現在の中国にも見られるということである。

私的扶養優先の原則

社会保障としての所得保障である生活保護法による「生活保護」と民法が定める私的な「扶養義務」との関係は、後者（または自己の努力）によって不足する部分を生活保護が補うことになっている。[7] つまり、保護の補充性である。ただ、困窮者が現実に扶養を受けていない場合には、保護の実施機関は、扶養義務者である親族がいるという理由だけでは保護を拒否できず、保護を行わなければならないことになっている。実施機関は後にこのような扶養義務者から費用を徴収することができるのである。[8] このような公的な扶養である社会保障と私的扶養との関連性は今後より大きな問題になっていくものと思われる。

私的扶養優先の原則が、介護とも関連する社会保障である社会福祉の領域でも見られる。このことは、民法の扶養の原則が、金銭的なものであり介護は義務ではないという基本的な考え方からは、問題となる。将来、改善すべき重要な問題の一つである。

(7) 生活保護法四条二項。
「社会保障」の体系は、生活の手段としての所得に向けられたもの（以下の二種類がある。①公的扶助、その代表的なものが生活保護法である。②社会保険、その例として健康保険法、国民年金法、介護保険法などがある。）と、実際の生活を営む上での援助を目的とするもの（社会福祉、その例として児童福祉法、養護老人ホーム、特別養護老人ホームなどの入所などを定めている老人福祉法、母子及び寡婦福祉法など）から成り立っている。

(8) 生活保護法七七条。

フランスでの扶養

フランス法では、扶養に関しては、金銭的なものであるという意識は強い。法的にもそのように位置づけられている。もっぱら義務者に請求（求償）されるのは金銭である。引取扶養や介護が法的に求められることはない。

フランスでの老後は、孤独で寂しいものに見える。人生とはそういうものであると考えている人々が多いように思われる。パリのアパートにも、お年寄りが一人で住んでいることが多い。ただ、アパートの中に閉じこもることはなく、町や公園によく出かけ、住民どうしのコミュニケーションも比較的多い。老後は、親子間よりも夫婦間の絆が深いように思われる。臨終は配偶者とともにというスタイルが比較的多く、子が臨終のまくら元にいないケースもそう珍しくないと聞く。

配偶者に先立たれ、一人になるのも人生のありふれた一コマであると考える冷めた見方が伝わってくる。金銭的に自立している以上は、身の回りの世話などは社会福祉の世話になっている。ただここ数年、この費用がかさみ、お年寄り自らその費用を負担し、それでも不足する場合には、子などの扶養義務者に費用が請求されている。最近は、相続財産が残らない事例が多くなってきたといわれている。老後を生きるために支払うべき費用が高額化してきているのである。

一方で公的なサービスが充実しているので、お年寄りたちは、いわゆる介護を子に依存することは少ない。一時的に子どもたちが面倒をみる場合もあるが、そのような時は愛情に包まれている印象を受ける。クリスマスやヴァカンスの時などに、愛情に包まれたフランスの家庭を多く見ている。老後は自立で厳しいが故に、親子の愛情も深いと感じられることも多い。

フランスでは、扶養といえば、金銭的な給付義務を頭に浮かべる。このような中にあって、不動産を媒介とする終身定期金契約（ヴィアジェと呼ばれている）は、比較的よく用いられている。残っている平均寿命から、定期金の額を算定し、死亡時に定期金の支払義務は終了し、定期金の義務者が、その不動産を取得する。お年寄りが長生きするか、短期間で亡くなるかによって、全体的にお年寄りに支払う額が異なってくる。老人が短命で終われば、少ない出費で不動産を取得することができ、長く生きれば、その分定期金の支払が多くなる。つまり、この終身定期金契約は、いわゆる射倖《しゃこう》契約(9)である。この契約には、フランスでは公証人が関与する。(10)このような終身定期金契約を締結している子を、一般の人々は（法律的には正しくないが）、「扶養している」と表現することがある。このように、扶養と聞けば、一般的に人びとは経済的なものを連想するのである。

終身定期金契約を、子との間で結ぶこともあるが、まったくの第三者と締結することも多いといわれている。本来ならば、老親が住居のために利用している不動産は、そのままでは生活費を生じない。しかしながら、この終身定期金契約を締結すれば、本来金銭を生まない居住中の住居によって、老後の生活費を賄うことが可能になる。わが国では生活をするための不動産を所有している

（9）偶然の利益を得ることを目的とした契約。わが国では、射倖性が高ければ、原則として契約は無効になる。

（10）家族をめぐる法律関係、とくにその財産関係は複雑である。法の専門家が積極的に関与すべき領域であろう。フランスでは、このような領域には、民間の裁判官と呼ばれる、公証人が関与することが多い。

が、生きていくための生活費がないというケースがありうる。生活保護法で問題になるケースである。このような不動産所有の事例でも、フランス法のもとでは、終身定期金契約によって、経済的な自立を図ることが可能である。この意味において、終身定期金契約の法的な技術の持つ意味は無視できない。

介護の有償化

わが国では、同居して親の介護をすることが慣習として残存している。また同時に、それが廃れつつあり、家族間の葛藤を生じさせることがあるのも事実であろう。現行民法の立場は、このような慣習とは異なり、西欧的な思想に根拠を置いている。つまり、金銭的な給付を基礎にしたものである。扶養の義務は、最低限の生活に必要な状態を金銭的に保障するものである。その結果、経済的に余裕はあるが、同居し介護してもらいたいという親の要求は、本来の扶養義務の範囲を超えたものであるといえよう。そのような行為は、単なる愛情の名のもとに、無償である時代はもはや終わったのかもしれない。介護の有償化は、家族の者がなす介護を契約へと導く。家族の構成員がなす親の介護は、単なる無償の愛情に基づくものではなく、契約として明確化すべき時代になってきていると思われる。有償と考えることによって、家族内の多くの法律上の曖昧な問題が解決されていき、愛情のもとになされる行為がより輝くことになる。[11]フランスの法律はこのことを冷徹なまでに熟知している法律であるといえる。

(11) 本書では触れることができなかったが、老齢などのために判断能力が低下したときの問題がある。平成一二年に民法の一部が改正され、成年後見制度(民法七条以下、八三八条以下)と、新しく任意後見制度(任意後見契約に関する法律)が設けられて、解決が図られている。

第二章　遺産の持つ意味

遺産をめぐる紛争

近年遺産をめぐる争いが増加している。かつては単独相続である家督相続を民法が採用しており、相続で争いが生じることは現在ほどは多くなかった。現在では、配偶者も相続人であり、さらに子の間では、長幼の序、男女の別なく平等の原則が採用されている（非嫡出子は嫡出子の相続分の二分の一という制限はある）。戦後の改正以来、遺産分割をめぐって相続人の間で紛争になることが多くなったといわれている。相続財産に対して、いろいろな期待が入り乱れるためで、遺産分割が難航することがある。

現在、遺産は非常に複雑な様相を帯びている。はたして、純粋に被相続人個人の財産であるかどうか疑わしい場合もある。

まず、夫婦間で分析しよう。わが国は、別産別管理制を原則として採用している。このことはすでに述べた。この制度のもとでは、所得のある夫のもとに財産が集まる。もしも、夫婦で力をあわせて作り上げてきた財産があると仮定して、それを夫が第三者に遺言で与えてしまっていたらどうだろうか。なるほど「遺留分」(1)という制度で、妻は最低限守られている。しかしながら、純粋に

（1）被相続人は、自由に財産を贈

夫の財産といえるかどうか疑わしく、妻にしてみれば、もともといくらかは自分のものでもあるという意識や期待があろう。夫がこのような処分を行えば、まさに妻の期待に反することになり、紛争の原因になる。

また、長年連れ添った妻と死別し、再婚後、短期間でなくなった場合、後妻は多くの相続分を前妻の子とともに取得することになる。これも衡平感に反しはしないだろうか。

これらのことは、わが国の民法が、夫婦の財産に関して、もっぱら相続で解決しようとしたことにその原因がある。夫婦の財産を夫婦財産として清算する国では、このような不都合は起こらない。わが国の民法は、夫婦が平和で、最後まで一緒であり、再婚をしないということを想定している制度であるといえる。

生き方の多様性の時代にあって、別産別管理制のもと、夫名義で蓄積された財産の意味をもっと的確に知るべきであろう。一部は配偶者のものであるという意識や期待があり、それが裏切られるときに紛争が生じるおそれがある。

親子の関係でも同様の問題が生じうる。子の中の一人が、引取扶養、介護をしている場合である。すでに検討してきたように、民法は、金銭の給付義務を課している。子であれば、扶養する能力があれば、原則として、その義務を子の間で平等に負う。最低限の扶養を越える部分は、民法上の扶養ではなくなる。

与や遺言で処分することができるのが原則である。しかしながら、相続人の中で子や配偶者などは遺留分権利者として、ある一定の範囲の財産をそれらの者に残しておくように求める権利を有している。具体的には、遺留分減殺請求によって、すでに被相続人によってなされた遺贈や贈与の効力を否定し、取り戻すことになる（民法一〇三一条）。ただし、この権利を行使するかどうかは、遺留分権利者の意思にかかっている。

経済的には問題はないけれども、親が一人で生きていけないので、引取扶養をするのは、本来の民法の扶養を越えたものである。

そして、子を取り巻く環境の変化、医療技術の発展に伴う高齢化によって、介護が重く、長期間に及ぶ場合もある。特定の子が、引取扶養を行っている場合がある。このような事例では、親が財産をほかの子と同じように分ければ、長期間にわたり面倒を見続けた子の期待は裏切られ、紛争の原因になりうる。本来の最低限の義務を越える部分は、もはや無償ではなくて、契約でなすべき有償の行為であろう。とすれば、むしろ、親は当該子のなす行為に、支払うべきものを支払っていないといえる。このように考えれば、財産が遺産として残ったとしても、すべてその親のものであったといえるかどうかは疑わしい。むしろ支払うべきものを支払った後に、残ったものが遺産であるといえるのではなかろうか。(2)

(2) 民法には寄与分という制度があるが、それは相続法構成であり、契約関係としてはとらえていない。

平等の精神の重さ

いわゆる支払うべきものを支払った後は、遺産を平等に分割すべきであろう。わが国では遺産の分割にあたって、面倒を見てくれた者には、多くを残したいとか、よくしてくれた子には多くを残したいという考え方が存在していることが指摘されている。しかし、より純粋に親の遺産となれば、後は遺産分割では平等の精神が問題になろう。しかしながらわが国では、平等の精神は、あまり根づいていない。ここでも情が入る余地がある。

わが国の、見返り期待型の相続、代償期待の相続は、紛争の原因になりやすい。夫婦間の財産関係を明確にし、介護の契約化によって、権利関係を明確にしたうえで、平等の精神を持つことは今後大切なことになろう。わが国では、遺産にはいろいろな要素、期待、潜在的な権利が混在し、それらが明確なかたちを持って姿を現わしてこない。これらを明らかにすることなく、漠然と代償期待型の相続観が人々の間で当然のように支持されている。その結果、もしたとえ「純粋に被相続人の財産」があったとしても、代償期待型の考え方に支配されて分配されることに何ら疑問が持たれることはない。遺産が純粋に被相続人のものであれば、そこには平等の精神が遺産分割の精神として宿っていることを、われわれは紛争の予防としても知るべきである。愛情に左右されることなく、分け与えるのは困難である。しかし、これが、現在の相続法そして、人々に求められている精神であり理想である。(3)

このように考えてくると、わが国の夫婦の財産の関係、引取扶養、介護の評価(過小評価されることもまた過大評価されることもありうる)が曖昧であることが、遺産分割での大きな足かせの一つになっていることが理解できよう。

人が遺言で処分をなそうとする際には、この平等の精神は重要である。本来、

(3) このように遺産を純粋に被相続人のものとする作業ができて初めて、たとえば家業の承継の問題も解決方法が見えてくる。

処分は自由であるが、本当に自分の財産であるのかどうかの反省と、平等に分けるという営みを行うのであるという精神が、遺言者に求められている。(4) 分けるということは、実はかなり難しい行為であり、人の生き方、考え方が如実に現れる。

リヨン大学の民法の教授は、孫の誕生日にプレゼントを与える際、誕生日でない孫たちにも、小さなプレゼントを渡す。うまく与えたり、うまく分けたりする方法は一日で身につくものではない、と教えられたことがある。平等に分けるということは、たやすいことではないのである。しかし平等は、情を越えるべき厳しい指導原理、いわば正義であるといえる。わが国では、この意識は乏しい。フランス革命の結果、獲得されたこの相続法における平等の精神の重さを、われわれは知るべき時ではなかろうか。

(4) 遺言処分は原則として自由である。だからこそ、遺留分減殺請求権は、相続人の最低限の権利として重要な意味を持つ。

むすび

家族を取り巻く状況は大きく変化している。科学技術の発展、男女関係の多様性、扶養の意味の変化など、かつての日本の社会では見られなかった状況を眼の当たりにしている。これらの家族を取り巻く状況に、法も柔軟に対応する必要性に迫られている。

このような中にあり、家族を構成している「個」に注目して考えていくことの重要性を、変遷する現代の家族は、われわれに教えている。

すでに検討してきたことがらから一つ例を出そう。夫婦間、子から親の関係において財産関係を明瞭にするということは、ややもすれば、それらの関係や愛情の名のもとに埋没し、曖昧に消えていく恐れのある「個」に注意を払うことだといえる。

このような視点にもとづく法律は、家族がいかに解体しようとも、その影響を最低限でくい止め、その構成員である「個」を守ることが可能となる。個に着目するということは、しかしながら、ポルタリスが描いた伝統的な家族像を否定し、解体を促すものでは決してない。むしろ、法的には、権利義務関係を明確にすることによって、いわゆる理想とされる家族の結びつきと家族の平和の実現にも寄与するのである。

またそれと同時に、われわれは法によって守られるべき親子関係が存在していることを学んだ。さらに、男女関係がいかに多様化しようとも、婚姻においては、たとえば相手方の生存に関することがらを互いの合意で変更できないことにもふれた。婚姻に関する法には、合意の及ばない核にあたるものが存在している。同性の共同生活関係の可能性を法的に認めるパックスや、人工生殖においても、守られるべきことがらがあった。人と人の関係の法である家族法には、「個」がいかに尊重される時代になっても、人の意思の及ばない領域がある。家族には、守られるべき秩序や権利があり、個の意思で、何もかもすべてが可能ではないことも知るべきである。

このように考えれば、現在、伝統的な家族という枠組みの中で、またはその外で、「個」の存在をどのようにとらえるか、またさらに、その望みや約束は法の下でどの程度実現可能か、このことが家族に関する法で大きく問われているといえる。

松川正毅（まつかわ　ただき）

1952年　大阪に生まれる
1984年　神戸大学大学院法学研究科博士後期課程修了
1986年　トゥールーズ第1大学博士課程修了
現　在　大阪大学大学院法学研究科教授
法学博士、Docteur en droit privé
研究テーマ　科学技術の発展と民法、遺産分割、紛争予防と民法
キーワード　家族法、相続法、フランス法、公証法
所属学会　日本私法学会、比較法学会、日仏法学会、法学博士協会（フランス）、比較立法協会（フランス）
主　著　『遺言意思の研究』（成文堂、1983年）
La famille et le droit au Japon（Economica, Paris, 1991）
『実践フランス法入門』（国際商事法雑誌、1993年4月より連載中）

大阪大学新世紀セミナー［ISBN4-87259-100-3］

変貌する現代の家族と法

2001年9月20日　初版第1刷発行　［検印廃止］
2006年3月27日　初版第3刷発行

編　集　大阪大学創立70周年記念出版実行委員会
著　者　松川　正毅
発行所　大阪大学出版会
代表者　鷲田　清一
〒565-0871　吹田市山田丘1-1　阪大事務局内
電話・FAX　06-6877-1614（直）

組　版　㈱桜風舎
印刷・製本所　㈱太洋社

ISBN4-87259-115-1

「大阪大学新世紀セミナー」刊行にあたって

健康で快適な生活、ひいては人類の究極の幸福の実現に、科学と技術の進歩が必ず役立つのだという信念のもとに、ひたすらにそれが求められてきた二十世紀であった。しかしその終盤近くになって、問題は必ずしもさほど単純ではないことも認識されてきた。生命科学の大きな進歩で浮かび上がってきた新たな倫理問題、環境問題、世界的な貧富の差の拡大、さらには宗教間、人種間の軋轢の増大のような人類にとっての大きな問題は、いずれも物質文明の急激な発達に伴う不均衡に大きく関係している。

一九三一年に創立された大阪大学は、まさにこの科学文明の発達の真っ只中にあって、それを支える重要な成果を挙げてきた。そして、いま新しい世紀に入る二〇〇一年、創立七十周年を迎えるにあたって企画したのが、この「新世紀セミナー」の刊行である。大阪大学で行われている話題性豊かな最先端の研究を、学生諸君や一般社会人、さらに異なる分野の研究者などを対象として、できるだけわかり易くと心がけて解説したものである。

これからの時代は、個々の分野の進歩を追求する専門性とともに一層幅広い視野をもつことが研究者に求められ、自然科学と社会科学、人文科学の連携が必須となるだろう。細分化から総合化、複合化に向かう時代である。また、得られた科学的成果を社会にわかりやすく伝える努力が重要になり、社会の側もそれに対する批判の目をもつ一方で、理解と必要な支持を与えることが求められる。本セミナーの一冊一冊が、このような時代の要請に応えて、新世紀を迎える人類の未来に少しでも役立つことを願ってやまない。

大阪大学創立七十周年記念出版実行委員会